50대에 도전해서
부자 되는 법

50대에 도전해서 부자 되는 법

돈 버는 습관, 수입 창출, 노후 준비까지

셔미숙 지음

유노
북스

인생의 후반부를
멋지게 살아가는 방법

청울림(유대열), 다꿈스쿨 대표

제가 서 여사님을 처음 알게 된 것은 1년 6개월 전 일이었습니다. 그때 서 여사님은 다소 힘들어 보였습니다. 50대 중반의 나이까지 열심히 살아왔지만, 자녀 교육비와 생활비로 많은 돈을 소비하고 노후 준비는 제대로 하지 못한 상황이었죠. 그녀는 두 눈에 미래에 대한 불안이 가득했습니다. 식사 자리에서 서 여사님은 제게 물었습니다.

"50대에 시작해도 부자가 될 수 있나요?"

저는 큰 소리로 대답했죠.

"그럼요. 미친 듯이 노력하면 당연히 부자가 될 수 있습니다."

그렇게 서 여사님의 '50대에 도전해서 부자 되기' 여정이 시작됐습니다.

서 여사님은 무섭게 달려 나갔습니다. 지난 1년 6개월간 단 하루도 빠짐없이 새벽에 일어나 책을 읽으며 부자의 마인드를 다지고 글을 썼습니다. 재테크 공부를 하며 절약과 투자를 시작했습니다. 그리고 책과 강의에서 배운 내용을 블로그에 모두 기록했습니다. 공부하고 기록하고 실행하고, 또 공부하고 기록하고 실행하는 날이 이어졌습니다.

다른 사람들에 비해 서 여사님이 유독 빠르게 성장한 데는 '공표'와 '실행'이라는 두 가지 핵심이 존재합니다. 서 여사님은 이루고 싶은 목표를 정하면 일단 종이에 적고 블로그에 공표합니다. 그리고 이를 강의 시간에도 동료 수강생들에게 큰 소리로 알립니다. 실천해야 하게끔 스스로 배수진을 치는 것이죠. 그리고 나서는 이것저것 재지 않고 바로 시작합니다.

서 여사님은 일단 시작한 뒤 잘못된 점을 개선하는 좋은 실행 습관을 지닌 분입니다. 그리고 무서운 성실함으로 한 번 시작한 것을 계속해 나갑니다. 될 때까지, 목표를 이룰 때까지 계속 말입니다. 이 놀라운 실행력과 성실함으로 그녀는 많은 것을 이루었습니다. 전자책 쓰기, 강사 되기, 부동산 투자하기 등 지난 1년 6개월간 자신이 목표한 바를 100% 이상 달성하는 쾌거를 이루었습니다.

서 여사님이 지난 1년 6개월간 보여 준 모습도 대단했지만, 더욱 기대되는 건 앞으로의 미래입니다. 짧은 시간에 이렇게 많은 것을 이루었으니 앞으로는 얼마나 더 많은 것을 달성할지, 얼마나 큰 부자가 될지 상상하기가 어렵습니다. 더욱이 실행력, 성실함, 끈기가 서 여사님의 트레이드 마크이기 때문에 지금의 성공이 반짝 성공으로 끝나지 않을 것은 분명합니다.

살다 보면 인생이 뜻대로 흘러가지 않을 때가 있습니다. 한눈팔지 않고 열심히 살아도 인생 후반기에 가진 것 없이 막막한 상황에 부닥치는 경우도 참 많습니다. 그런 경우에 많은 사람은 주변 환경을 탓하며 불평불만하느라 상황은 개선되지 않는 악순환에 빠지곤 합니다. '이 나이에 새로운 무언가를 하기에는 늦었다'며 무기력하게 주저앉는 경우가 대부분입니다.

하지만 서 여사님은 그렇게 하지 않았습니다. 기꺼이 스스로 행동해서 삶을 개척하는 방법을 택했습니다. 거침없는 도전 정신과 실행력으로 자신이 원하는 인생을 뚝딱뚝딱 만들어 가며 50대에 시작해도 얼마든지 부자가 되고 성공할 수 있음을 여실히 보여 주고 있습니다. 정말 멋진 분이 아닐 수 없습니다.

시작이 두려운 중장년, 50대 이후의 삶이 막막한 분들이라면 이 책에 실린 서 여사님의 이야기에 주목해 보세요. 오늘 그녀가 우리에게 인생의 후반부를 멋지게 살아가는 방법에 대해 큰 소리로 이야기합니다. 당신도 어서 시작하라고, 너무 늦은 시작은 없다고 말이죠. 그녀는 지금 인생 최고의 전성기를 보내는 중입니다.

50대의 불안에 대한 처방전

송수용, 인술 연구가

내가 오늘을 이렇게 사는 이유는 어제까지 그렇게 살았기 때문이다. 50대에 불안하게 사는 이유는 40대까지 그렇게 살았기 때문이다. 50대의 불안은 더욱 초조하다. 늦었다는 생각이 든다. 새로운 시도가 두렵기만 하다. 40년을 넘게 유지해 온 삶의 관성을 바꾸는 일은 결코 녹록지 않기 때문이다.

여기 그 불안에 대한 구체적인 처방전이 있다. '꿈꾸는 서 여사' 서미숙 저자는 온 몸으로 그 불안을 받아 내며 하루하루 극복해 왔다. 그 하루가 쌓여 찜질방 매점 이모로 일하던 사람이 25억 원 자산가로 변신할 수 있었다. 이 책을 읽고 작은 것부터 할 수 있는 것을 실행해 보라. 제발 읽고 나서 그녀를 자신과는 다른 사람이라고 말하지 마라. 꿈꾸는 서 여사도 삶의 불안에 매일 밤잠 못 이루던 보통 사람이다. 그저 그녀가 했던 것만 따라 해 보라. 그녀의 불안이 평안으로 바뀌었듯이 그대도 평안한 인생을 경험할 것이다.

부자가 되고 싶은 사람에게
너무 늦은 때란 없다

진퇴양난에 빠진 어느 50대의 이야기

당신이 마트에서 일하는 50대의 주부라고 상상해 보자.

당신은 대출이 많은 오래된 아파트에서 거주하며 매달 넉넉지 않은 생활에 허덕인다. 남편은 몸이 아파서 일을 쉬고 있다. 당신이 마트에서 일하며 받는 월급으로 대출금 이자를 내고 나면 항상 생활비가 쪼들려서 남편의 퇴직금을 헐어서 충당한다. 맏이는 직장에 다니며 돈을 벌지만, 가계에 별로 도움이 되지 않는다. 좀 도와주면 좋으련만 자신의 결혼 자금을 모아야 한다고 딱 잘라 말한다. 큰아이의 말도 일리가 있다. 부모가 혼수를 마련해 줄 형편이 아니라는 걸 잘 알기에 필요한 자금은 스스로 모으려는 모습이 기특하기도 하다. 작은 아이는 대학생이라 대학교 등록금을 내야 한다. 아르바이트를 하지만 본인의 용돈벌이 수준으로 번다.

남편이 어서 일을 구해야겠지만, 몸이 약해서 일을 그만두는 때가 잦다. 내가 가난한 집안의 몸도 약해 보이는 장남과 결혼하겠다고 했을 때 엄마는 화를 내며 반대했다. 그때 결혼을 반대한 엄마의 심정은 맏이가 성인이 돼서야 이해가 됐다. 가끔 친정에 가서 그때 나를 때려서라도 말리지 그랬냐고 투정하듯 말하면 엄마는 "네 발등은 네가 찍었지"라고 하며 한숨을 쉰다. 엄마의 깊은 한숨에 김서방이 또 몸이 아파 일을 그만두었다는 말을 하지 못했다. 친정에 가도 마음이 편하지 않다. 몸이 힘드니 마음도 힘들다.

삶이 힘든 당신은 갱년기까지 겹쳐서 가끔은 콱 죽고 싶은 마음이 들 때도 있다. 답답한 마음에 친구를 만나 이런저런 이야기를 했다. 내 사정을 들어 주며 함께 속상해하는 친구 덕에 마음이 한결 편안해졌다. 친구와 헤어져 집으로 돌아가는 길에 서점이 보였다. 책이나 둘러보자는 마음에 들어갔는데 눈에 띄는 책 한 권이 있다.

'50대에 매점에서 일하던 사람이 부자가 됐다고?'

당신은 무언가에 홀린 듯이 책을 집어 들었다. 50대가 부자가 되겠다고 결심한 뒤 1년 6개월 만에 많은 것을 이루었다는 내용이다. 옆에 보이는 의자에 앉아 책을 읽기 시작했다. 지금 자신의 상황과 별반 다를 바 없었던 평범한 50대도 부자가 됐다니 궁금해졌다.

'부자가 되려면 도대체 어떤 것부터 시작해야 할까?'

집에 돌아와 인터넷 검색창에 '꿈꾸는 서 여사'를 검색해 봤다. 신기하게도 그 사람의 행적이 주르륵 검색됐다. 당신도 '할 수 있겠다'는 생각에 가슴이 벅차올랐다. 서 여사가 한 대로 처음부터 따라 해 보려고 한다. 새벽 기상과 독서부터 해 보기로 했다.

노력의 방향을 바꾸니 인생이 달라졌다

책에 해답이 있다. 나 역시 책에서 방법을 찾았다. 매일 부자가 되겠다고 10번씩 외치고 매일을 기록했다. 간절하게 원하면 이루어진다고 믿으니 진짜 기적같이 이루어졌다. 나이 탓이나 하며 한탄하고 있기에는 가는 세월이 아쉬웠다. 50대 중반에 시작해 보니 무엇을 하는 데 늦은 나이란 없었다. 그저 나이는 숫자에 불과했다.

내가 부자가 되기 위해 가장 먼저 시작한 습관은 새벽 기상과 독서다. '내가 할 수 있을까' 하는 두려운 마음이 들 때마다 마음을 잡고자 기댄 건 책이었다. 절실함보다 강력한 것이 또 있을까? 처음에 독서가 수면제 같았다. 그래서 책을 읽는 방법을 바꾸고 책상을 정리하고 주변을 깨끗하게 정돈했다.

차츰 지금의 내 삶이 소중해졌다. 해 보겠다는 용기가 선물해 준 건 자신감이었다. 50대 중반의 나이, 삶이라는 시간을 아주 조금 더 잘 알게 된 것이다. 50대는 그것이 무엇이든 시작하기에 괜찮은 나이다. 단지 용기만 끄집어내면 된다. 나부터 변하면 된다. 내가 바뀌면 가족도 소리 없이 바뀐 인생에 스며든다. 나는 나 자신을 믿었다. 나라서 할 수 있다고 믿었다. 누구나 첫발을 내디딜 땐 떨리는 법이라고 되뇌었다.

50대에 도전해서 부자 되는 법이 여기에 들어 있다. 내가 부자들을 따라 해서 성공했듯이 여러분도 이 책을 통해 나를 따라 하면 인생이 바뀔 것이다. 찜질방 매점에서 일했던 내가 부자가 되기 위해 실행한 방법을 이 책에 모두 담았다. 그래서 이 책에는 노후 준비를 해야 하는데 자녀 교육에 많은 돈이 들어가는 40대, 노후 준비가 이미 늦었다고 생각하는 50대, 재테크에 도전하고 싶지만 방법을 모르는 60대, 무언가를 시작하기가 두려워진 엄마나 중장년이라면 누구나 쉽게 따라 할 수 있는 재테크 방법이 녹아 있다.

나는 당신이 이 책을 읽고 공감하며 희망을 갖고 용기를 내면 좋겠다. 우리 모두 할 수 있다. '큰 부자는 하늘이 내리지만 작은 부자는 노력으로 가능하다'는 말을 수없이 들어 봤다. 여기에서 작은 부자란 돈 걱정 없이 사는 소박한 이라고 할 수도 있겠고, 경제적 자유를 이루는 부자일 수도 있을 것이다. 지금부터 매점에서 일했던 내가 부자가 된 방법을 알려 드리려 한다.

• 차례

1장   **나는 50대에 부자가 되기로 결심했다**

           인생의 방향을 바꾸는 법

2장
부자들의 돈 버는 습관 따라 하기
내일을 180도 바꾸는 생활 방식

3장
습관을 소득으로 연결하기
일하지 않고도 버는 생활비 200만 원

4장

소득을 자산으로 키우기
배신하지 않는 재테크의 기술

5장 아직 하지 않았을 뿐 못할 것은 없다
돈과 활력이 넘치는 삶을 사는 법

나는 50대에
부자가 되기로
결심했다

인생의 방향을 바꾸는 법

50대 투잡러,
내 호칭은 '이모님'

어제 학원 문을 닫고
오늘부터 찜질방으로 출근하다

얼마 전까지 내 직업은 찜질방 매점 이모, 하원 돌보미 이모였다. 매점 이모를 하기 전의 직업은 아동 미술 학원 원장이었다. 25년의 경력을 가진 나였지만, 50세가 되던 해인 2017년부터는 3년간 매점으로 출근을 했다.

처음에는 아이들이 하나둘씩 교습소를 나가는 이유를 알지 못했다. 그러다 점점 나이 든 선생님을 아이들이 재미없어하고 부모들도 불편해하는 것을 느끼며 동시에 내가 설 자리가 없어졌음을 깨달았다. 근처에 시설이 좋고 젊은 선생님들이 있는 학원으로 아이들이 옮겨 가니 더는 운영이 어려워져 25년간 하던 미술 학원을 닫게 됐다.

28년간 남편과 나는 맞벌이로 열심히 일했다. 그럼에도 불구하고 예체능을 전공하는 아이들을 뒷바라지하느라 돈을 모으기가 어려웠고 노후 대책은 당연히 준비하지 못했다. 학원 문을 닫은 당시에 아이들이 대학생이었고 남편의 월급은 적어서 외벌이로는 먹고살기가 힘들었다. 다시 맞벌이를 해야만 했다.

그런데 아무리 찾아봐도 한 직업을 오래 한 내가 할 수 있는 일은 많지 않았다. 구인란을 둘러보니 집에서 멀지 않은 대형 찜질방 매점에서 오전 이모님을 구한다기에 지원했다. 지금 당장 할 수 있는 매점 일을 하기로 했다. 그러자 나에게는 미술 앞치마가 아닌 설거지 앞치마가 입혀졌다. 선생님으로 불린 25년은 온데간데없이 사라지고 순식간에 '이모님'이 됐다. 나는 낯선 환경과 낯선 호칭에 현실을 점점 회피하고만 싶었다.

집에서 찜질방까지 1시간, 매일 걸어서 출근하다

집에서 찜질방까지는 도보 1시간 거리였다. 매일을 부지런히 걸어서 출근했다. 대중교통을 두 번씩 갈아타야 하는 번거로움도 없고 교통비를 아낄 수 있으며 운동도 됐기 때문이다. 겨울에는 아침 7시에도 깜깜해서 걸을 때 무섭기도 했지만 상쾌한 기분이 더 컸다. 분당 탄천을 부지런히 걸어서 일터에 가면 힘이 들어도 찜질방이기에 일찍 출근하면 씻을 수가 있었다. 매점의 야간 근무자와 교대하면 나의 오전 근무가 시작됐다. 매점에서 일하는 시간은 오전 7시부터 오후 3시까지다. 3시가 되면 오후 근무자가 온다. 나의 근무 시간이 일하기에 가장 나은 것 같아서 열심히 다녔다.

주말이 되면 손님들이 줄을 서서 식혜를 사 먹을 정도로 바쁜 이곳에서 이모님이라는 호칭으로 주 6일을 일하며 하루하루를 살아냈다. 찜질방의 대표 메뉴는 컵라면, 식혜, 구운 달걀이다. 컵라면의 포장 비닐을 까는 일은 내 몫이다. 주 2회 100박스 분량의 컵라면 비닐을 벗긴다. 상자에서 컵라면을 꺼내 비닐을 벗기고 다시 상자에 넣어 날짜를 크게 써 놓은 후 창고에 갖다 놓으면 12시가 된다. 매점 일의 장점도 있다. 어느새 시간이 지나가기에 3시 퇴근이 다가오는 것이다.

주말은 너무 바빠서 앉아 있을 수도, 점심을 먹을 수도 없는 곳이 매점이다. 그래도 평일에는 책을 볼 시간이 주어졌다. 부자가 되기로 다짐한 뒤로 나는 항상 책을 갖고 다니면서 짬이 날 때 읽었다. 책을 읽다가도 식혜나 구운 달걀을 달라는 손님이 오면 상냥한 얼굴로 팔곤 했다. 하루는 단골손님이 물었다.

"이모님! 책 보는 거예요? 무슨 책 봐요? 공부하나?"

"네, 그냥 이것저것 읽는 거예요."

"여기서 일하는 사람 중에 책 읽는 사람은 처음 보네."

그 말이 순간 비아냥인지도 모른다는 생각이 들었다. 자존감이 낮아진 나는 누군가가 무심코 한 말도 그냥 넘기지 못했고, 친절을 베풀어도 친절로 받아들이지 못했다. 많은 이유로 찜질방을 그만두고 싶은 순간이 많았지만, 내 나이에는 선택할 수 있는 직업이 많지 않았기에 열심히 버텼다.

하는 일에
그 사람의 모습도 따라간다

찜질방은 11월부터 3월까지 성수기고 6월이 비수기다. 비수기에는 4일에서 5일간의 휴가가 주어졌다. 가족과는 쉬는 날이 겹치지 않았기에 나만의 시간으로 휴가를 보냈다. 어느 해에는 지방에서 아나운서로 근무하는 딸아이의 집에 가서 딸과 못다 한 이야기를 나누고 그 지역의 거리를 돌아다녔다. 또 어느 해에는 매일 도서관에 가서 책을 읽고 필사를 하고 서점에 가서 책을 사 오기도 했다. 또 어느 해는 집안 대청소를 한다며 이틀 동안 집을 초토화했다. 세 번의 휴가를 나름대로 의미 있게 보냈다.

겨울은 신학기가 오기 전까지 늘 사람들로 북적거린다. 그해 설

날에도 바쁘게 일하고 있었다. 텔레비전에서 중국 우한에서 시작된 코로나 바이러스가 우리나라로 건너와 첫 코로나19 확진자가 발생했다는 뉴스가 흘러나왔다. 사람 간 전염이 빠르다는 뉴스가 연일 방송되면서 내가 일하는 찜질방에도 사람들의 발길이 뜸해졌다. 한창 바쁠 2월인데 손님은 점점 줄어들었다. 바쁘지 않기에 책을 읽을 시간이 많아지고 몸도 편해졌지만, 마음은 불편했다. 매점에 오는 손님이 하루 10명 정도로 줄어들었다. 사태가 점점 심각해져 찜질방에서는 회의가 열렸다. 직원을 감원하거나 전 직원의 근무 시간을 줄이는 방법 중에서 만장일치로 근무 시간을 줄이게 됐다. 8시간에서 4시간으로 줄여서 근무하던 어느 날 찜질방 사장님이 나에게 면담을 하자고 불렀다.

"저, 오전 이모님! 아시다시피 코로나가 길어져 적자가 계속되고 있네요."

"네, 저도 너무 걱정입니다."

"죄송합니다. 아무래도 이달까지만 근무하시는 게 좋겠어요. 실업 급여 처리해 드릴게요."

"네, 그동안 감사했습니다."

코로나19로 인해 영업이 힘들어지기까지 3년이라는 긴 시간을 찜질방 매점과 함께 지내고 2020년 6월 말에 그만두었다. 그때 투잡을 하고 있었기에 일을 완전히 그만두는 것은 아니었지만 새벽에 일하러 나가지 않아도 된다는 건 생각만 해도 좋았다. 몸이 너무 힘들었기에 그만두고 싶다는 생각은 항상 갖고 있었다. 3년 치의 퇴직금에 실업 급여도 받으니 갑자기 부자가 된 기분이었다.

7월 1일에도 어김없이 같은 시간에 알람이 울렸다. 3년간 늘 하던 대로 벌떡 일어났다. 아침밥을 먹고 나갈 준비를 다 하고 나서야 오늘부터 안 나가도 된다는 사실을 깨닫고 기쁨의 환호성을 질렀다. 그동안 얼마나 이 일을 그만두고 싶었는지 모른다. 선생님으로 불리던 내가 이모님이 된 초반에는 우울감에 빠져 일을 제대로 못할 때도 있었다. 손님이 나에게 처음 '이모님' 하고 불렀을 때는 나를 부르는지도 몰랐다. 여러 번의 실수 후 어느새 나는 이모님이 돼 있었다.

오랜만에 거울 속의 내 모습을 찬찬히 들여다봤다. 몸을 많이 움직이는 일을 하니 얼굴이 고단한 삶에 찌든 게 보였다. 근무 시간 동안 화장기가 없는 얼굴에 매일 땀이 났고, 서 있어야 해서 다리는 퉁퉁 부었다.

나는 찜질방 매점 일을 그만둔 첫날, 가족 모두가 나간 후에 우아하게 커피를 마시며 여유롭게 음악을 들었다. 오후 4시 이후에는 하원 돌보미 일을 나가야 하지만 그 전까지는 오롯이 내 시간이니 마음껏 즐겨 보기로 했다. 텔레비전을 틀었다. 얼마 만에 보는 아침 방송인가? 물론 찜질방에도 곳곳에 텔레비전이 있었지만, 집에서 보내는 시간은 꿀맛 같았다. 실업자가 된 건 잠시 잊기로 했다. 낮

50대에 도전해서 부자 되는 법

잠도 자고 나니 온몸이 개운했다. 이틀이 지나도 사흘이 지나도 찜질방에 나가지 않아도 된다는 생각을 하니 이보다 더 행복할 수가 없었다.

구인란 보고 연락드렸습니다, 저는 50대이고요….

투잡을 하려고 마음먹었을 때, 아이를 예뻐하기에 돌보미를 해야겠다고 생각했다. 마침 우리 아파트의 카페 게시판에 붙은 하원 돌보미를 구한다는 글을 보고 전화를 했다.

"안녕하세요, 하원 돌보미를 구하신다기에 연락드렸어요."

"네, 안녕하세요. 실례지만 나이가 어떻게 되세요? 여기 아파트에 사시는 거죠?"

"네, 저는 50대이고요. 이 아파트에 살아요."

"그럼 5시쯤 면접 오시겠어요?"

"네, 문자로 주소 부탁드립니다."

이렇게 오후 5시부터 7시까지 4살 남아의 하원 돌보미를 하게 됐다. 아이들은 내가 사는 아파트 바로 옆 전원주택에 살았다. 어린이집에서 작은아이를 집으로 데려가면 9살 큰아이가 학원을 마치고 집으로 돌아온다. 두 아이와 놀아 주며 저녁밥을 먹이는 일까지가 나의 임무다.

어린이집으로 아이를 데리러 가면 교실에서 아이가 '이모님' 하고 뛰어나왔다. 내가 두 팔을 벌리면 품으로 쏙 들어와 배시시 웃었다. 아이는 신발을 신으며 내 손을 이끌고 놀이터로 가자고 졸랐는데, 놀이터로 가는 길에는 무인 아이스크림 가게와 편의점이 있다. 항상 젤리와 아이스크림을 먹고 싶어 해서 가끔 하나씩 사 주면 너무 좋아했다. 보고만 있어도 예쁜 아이와 놀이터에서 아이들 엄마가 올 때까지 놀아 줬다. 아이는 미끄럼틀을 타며 좋아서 깔깔거리고 그네를 타면서 소리를 지른다.

큰아이는 초등학생이라 내가 가끔 봐 주는 정도였다. 아이들 엄마가 아주 늦게 퇴근할 때나 학원 수업이 일찍 끝났을 때는 큰아이가 나와 남동생이 있는 놀이터로 온다. 초등학생이라 손이 많이 가지 않기에 4살 아이만 신경 써서 보면 됐다. 큰아이가 놀이터에 온 날은 우리 집에서 아이들에게 밥을 먹였다. 아무거나 잘 먹는 아이들이라 주로 볶음밥을 해 줬다. 우리 가족이 아이들을 좋아해서 아이를 데리고 많이 놀아 줬고, 아이들도 자신을 예뻐하는 걸 아는지 어른들을 잘 따랐다. 우리 가족은 아이에게 이모, 삼촌, 아저씨로 불리며 안 보는 날이면 생각이 날 정도로 아이와 잘 지냈다.

투잡으로 한 돌보미 일은 아이들이 순하고 나를 잘 따라 줘서 덜 힘들었다. 나도 우리 아이들이 어릴 때 맞벌이를 했기에 이웃에게 두 아이를 맡겼다. 좋은 분을 만나 아이들이 잘 지내서 나 역시 아이를 돌볼 기회가 온다면 최선을 다하겠다고 다짐했었다. 아이는 엄마와 만나면 나에게 "이모님! 내일 만나" 하며 고사리 같은 손을 보이지 않을 때까지 흔들면서 인사를 했다.

자식이 원하는 걸 못해 줄 때
부모는 마음이 무너진다

부모의 능력이
자녀의 스펙이 되는 세상

내가 찜질방 매점 일과 아이 돌보미로 투잡을 할 때 딸아이는 아나운서가 되기 위해 준비했다. 나는 딸아이가 꿈꾸는 일을 하면서 행복하길 바랐기에 아나운서를 준비하며 벌이가 없는 동안 비용을 대주기로 했다. 딸은 연습 벌레로 소문날 만큼 아나운서 학원에서 살다시피 하며 매일 발성과 뉴스 읽기 연습을 했다. 나는 나대로 아이의 뒷바라지를 하며 투잡을 이어 갔다.

우리 부부는 아이들의 꿈을 위해 자녀 교육에 온 힘을 다했다. 딸

50대에 도전해서 부자 되는 법

아이는 3년간 유학 생활을 하며 독립적이며 진취적인 아이로 자랐고, 나는 자녀를 믿어 주는 엄마였다. 딸이 연극 영화과에 진학해서 뮤지컬 배우가 되고 싶다고 했을 때도 우리 가족은 응원과 지지를 아끼지 않았다. 딸은 대학교 3학년이 되면서 꿈이 바뀌어 아나운서가 되고 싶다고 했다. 아나운서는 실력도 있어야 하지만 준비할 때 드는 비용이 만만치 않았다. 나는 생각해 보자고 보류했지만 결국 딸이 대학 4학년이 됐을 때 아나운서 학원 등록비를 줬다. 딸은 대학교 한 학기를 휴학하고 아르바이트를 하며 아나운서를 준비했다. 자기 꿈을 향해 열심히 나아가는 딸을 보니 대견했다.

딸은 어느 관공서의 아나운서로 취직했다. 경력을 쌓아야 했기에 지방에서 자취하며 고생했지만 직장에 다니면서도 방송 3사의 공채 시험과 지방 방송국의 시험을 준비하며 열심히 1년을 살았다. 그렇게 딸은 성장해 갔다. 지방 방송국에서는 최종 면접까지 올라갔지만 아쉽게 결과가 좋지 않았다. 공채 시험에서도 최종 직전까지 가서 떨어졌다. 딸은 스포츠 아나운서로 일하고 싶어 했다. 자신이 야구를 좋아하고 동생도 야구 선수였기에 스포츠 분야 중에서도 야구를 가장 자신 있어 했다.

그러던 어느 날 아나운서 최종 면접을 보고 온 딸이 힘없이 방으로 들어갔다. 나는 불안감이 스쳤지만 일단 모른 체했다. 한숨 자고 나면 괜찮아지리라고 생각했다. 그런데 한참 뒤에 방에서 나온 딸은 나에게 미안하다며 흐느끼기 시작했다. 딸의 눈물을 보니 내 가슴이 아려 왔다. 마음이 강한 아이라 우는 모습을 몇 번 본 적이 없던 나는 이유를 물어보지도 못하고 어떤 말을 할지 마음만 졸였다.

"엄마, 미안해. 나 아나운서 포기하려고. 이제 그만하고 싶어."

절대로 포기하지 않을 것 같던 딸의 포기한다는 말에 가슴이 쿵하고 내려앉았다. 지방 방송국은 이미 내정자가 정해져 있고 최종 면접에 오른 나머지 사람들은 일명 면접 들러리라는 소문이 있다고 한다. 최종 면접에 가면 결과가 나오기도 전에 누가 합격할지 알 정도라고 하니, 딸은 계속 시험을 봐야 할 이유가 없음을 아나운서를 준비한 지 2년 만에야 알았다.

심지어 그날은 면접장에서 세 명의 면접관 중 한 사람이 '그 옷차림으로 아나운서가 될 수 있겠느냐, 아버지는 무슨 일을 하느냐, 자리에서 일어나 한 바퀴 돌아보라'는 등의 인신공격을 했다는 것이다. 아이는 무너져 내릴 수밖에 없었다. 면접장에서 겪은 일과 그동안 했던 마음고생이 주마등처럼 떠오르는지 딸아이의 두 볼에는 눈물이 하염없이 흘러내렸다.

딸아이가 그동안 한 마음고생이 몸의 병을 불러와 입원도 여러 번 했었다는 것을 알았다. 눈시울이 뜨거워졌다. 아직도 '느그 아버지 뭐 하시노?'라고 묻는 사회가 있음을 느낀 날이었다. 세상은 달라지지 않았다. 여전히 부모의 능력이 곧 자녀의 스펙이 되는 사회였다. 자식에게 무능한 부모라서 무너지는 마음에 나의 두 눈에는 피눈물이 흘렀다. 딸은 이날을 끝으로 아나운서 꿈을 포기했다.

역시 개천에서는 용이 안 나오는구나! 돈 없고 인맥 없는 부모의 무능함 때문에 아이는 눈물을 흘려야 했고, 그것이 어미에게는 피눈물로 돌아왔다. 그날부터 나는 부자가 되기로 결심했다.

다시 시작할 것이다, 딸의 인생 초반기도 나의 인생 2막도

며칠 후 딸아이는 방에서 기운 없는 목소리로 '엄마' 하며 불렀다.

"엄마, 나 또 열이 나는 것 같아."

열이 난다는 말에 나는 극도로 불안해졌다.

"신우신염이 재발했나?"

딸은 취업 준비로 스트레스를 받으면 한번씩 크게 아팠다. 엄마를 찾는 소리에 체온계를 들고 딸에게 가서 열을 재 봤다. 39.8도, 바로 응급실행이다. 신우신염은 신장에 염증이 생기는 병이라 몸이 많이 붓는다. 병원으로 바로 가지 않으면 고열로 인해 합병증이 오는 무서운 병이다. 벌써 이번이 세 번째였다. 처음 신우신염에 걸려 열이 났을 때는 해열제만 먹이고 기다리다가 열이 고온으로 계속 올라가 결국 병원 신세를 져야만 했다. 이번에는 열이 오르자마자 응급실로 달려갔다. 피를 뽑고 소변 검사에 엑스레이 촬영까지 하고 나니 역시나 바로 입원해야 한다는 소견이 나왔다. 부랴부랴 입원시키고 치료에 들어갔다.

딸이 잠든 사이 얼굴을 보니 취업 준비를 하느라 힘들어한 시간이 얼굴에 고스란히 묻어 있었다. 뮤지컬 배우가 되겠다고 밝은 얼굴로 학교에 다니던 때가 엊그제 같은데, 꿈이 바뀌고 어엿한 사회의 일원이 되기 위해 안간힘을 쓰는 딸의 스트레스와 무게감이 느껴져 마음이 아팠다. 열 때문에 앓는 몸은 퉁퉁 부어 있었다. 1년 반 사이에 세 번이나 입원하고 한 번은 응급실에 갈 정도로 허약해진 딸아이는 웃음기도 점점 사라졌다. 딸은 병원에서 나에게 힘없는 목소리로 말했다. 친한 동기가 방송 3사 중 한 곳의 기상 캐스터로 뽑혔다고 말이다.

"엄마, 나도 기상 캐스터 준비해 볼걸 그랬어."
"네가 하고 싶은 꿈이 아니잖아, 진짜 하고 싶어?"

딸아이는 고개를 저었다. 친한 동기라 축하는 해 줬지만 부러운 마음에 스트레스를 받아 병이 왔는지도 모른다. 5일을 꼬박 입원했다. 담당 교수는 아직 다 나은 건 아니라며 2주간 통원 치료를 더 해야 한다고 말했다. 의사는 욕심을 내려놓아야 한다며, 스트레스를 줄여야 재발하지 않는다고 신신당부했다. 딸은 다음 날부터 매일 같은 시간 병원에 가서 40분간 항생제 수액을 맞아야 했다. 힘든 내

색 없이 묵묵히 치료하러 다니는 딸을 보면 또다시 나의 무능함 때문이라는 미안한 마음이 들어서 가슴이 답답해졌다.

그동안 아나운서라는 꿈에만 매달려 온 딸은 포기한 후 한동안 멍하니 지내는 듯 보였다. 나는 딸의 방황이 끝나기를 조용히 기다려 줬다. 어느 정도 시간이 지나자 아이는 원래의 내 딸로 돌아와 다시 취업을 준비했다. 긴 시간 동안 하고 싶은 일에 매달려 봤기에 후회는 없다고 하니 엄마로서는 대견했다.

나는 딸에게 긴 편지를 썼다. 그날 이후로 모녀 관계가 더욱 돈독해진 느낌이다.

"내 딸아! 첫 단추가 잘못 끼워진 건 풀면 된단다. 지나간 일은 풀고 다시 시작해 보자! 넌 잘할 수 있어."

아들의 선수 생활과 함께
사라진 노후 대책

운동선수가 얼마나
힘든데….

큰아이에게도 교육비가 많이 들었지만, 야구 선수였던 아들에게
도 많은 교육비가 들어갔다. 아들은 어릴 때부터 1분이라도 책상에
앉아 있는 걸 힘들어했다. 반면 운동 쪽에는 관심을 보였고 활동적
인 학습을 좋아했으며 적극적이었다. 작은아이가 공부 쪽에는 흥미
가 없다는 걸 우리 부부는 일찍이 알고 있었다. 프로 야구 열성 팬
인 남편은 아들의 산만함을 풀어 주고자 어릴 때부터 야구장에 데
리고 다녔다. 그러다 보니 아들은 야구 용어부터 규칙까지 잘 알게

50대에 도전해서 부자 되는 법

됐고 점점 야구에 흥미를 보여 초등학생이 되자 야구 선수를 하고 싶다고 했다. 야구를 좋아하는 남편은 찬성했지만 나는 반대했다. 운동선수의 삶이 얼마나 힘든지를 어릴 때의 경험으로 알고 있었기 때문이다. 나는 국민학교 시절에 키가 크다는 이유로 농구부 생활을 했었다. 너무나 힘들어서 하루하루가 지옥 같았다. 결국 그만두었고 지금도 그때가 안 좋은 추억으로 남아 있다. 그런데 아들이 야구 선수를 하겠다니 반대할 수밖에 없었다. 남편이 나를 계속 설득했다.

"철영이는 공부에 흥미도 없고 야구를 하고 싶어 하는데 시키는 게 낫지 않을까?"

아들도 간절했다. "엄마! 나 야구 선수 하고 싶어. 야구 하면 안 돼?"

"철영아, 운동선수가 얼마나 힘든지 알아? 안 돼, 절대 안 돼!"

아들은 운동선수가 얼마만큼 힘든지 몰랐기에 계속 야구를 하겠다고 졸랐다. 자식 이기는 부모는 없다고 아들의 고집에 결국 분당 어린이야구단 취미 반에 입단시켰다. 그곳에서 두각을 나타낸 아들은 초등학교 때부터 본격적으로 야구 선수의 길에 들어섰다. 험난한 길이 기다린다는 걸 아들은 몰랐을 것이다. 사이드암 투수이다 보니 매일 팔과 몸을 비틀어 공을 던져야 했고 부상과 통증이 끊이지 않았다. 고등학생 때 팔의 통증이 더 심해져서 결국 수술까지 하게 됐다. 아들은 부상을 극복하지 못했고, 결국 대학교 2학년 때 선수 생활의 막을 내렸다.

자식에게 투자를 줄였다면
노후를 준비할 수 있었을까?

나는 아들에게 야구를 시키면서 소유하고 있던 오피스텔을 팔아야 했다. 30만 원씩 월세를 받을 수 있어 행복했던 오피스텔이 자녀 교육비로 없어져 버렸다. 그런데 자녀들의 교육에 집중해서 내 인생은 얼마나 달라졌을까? 쉴 틈 없이 일하며 돈을 버는 족족 자녀 교육에 쏟아부은 나는 늘 몸도 마음도 지쳐 있었다.

'10년 전으로 돌아간다면 나는 노후 준비를 했을까?'

'두 아이의 교육비가 덜 들었다면 생활이 더 나아졌을까?'

생각하니 허탈하고 또 허탈했다. 그리고 자녀 교육에 힘을 쏟느라 준비하지 못한 노후를 생각하니 두려워졌다. 왜 우리 부부는 그동안 맞벌이를 했는데도 돈을 모으지 못했을까? 우선 돈을 버는 만큼 마음껏 썼고, 예체능을 전공하는 두 자녀의 교육에 집중하며 살았다. 그러니 돈을 모을 턱이 없었다. 일하느라 내 손으로 살림을 하기가 힘들었던 시절, 집에서 음식을 해 먹기보다 외식을 많이 했고 아이들에게도 김밥집과 햄버거 가게에서 한 끼씩 먹이곤 했다. 노후가 걱정스러울 때도 있었지만 그렇다고 별다른 노력은 하지 않았다. 그런데 나의 10년 후를 그려 보니 나는 10년 후에도 여전히 생계를 위해 일을 해야만 했다. 아직도 준비하지 못한 노후가 다가오는 것, 평생 일해야만 먹고살 수 있는 앞날이 두려웠다. 방송에서 독거노인의 힘겨운 삶이 나오면 그 모습이 나의 미래일 것 같아서 두려웠다. 노후에 병원에 갈 돈이 없어서 아픈 걸 참아야 할 것 같아 두려웠다. 자녀들이 결혼할 때 상대 부모와 비교해 무능한 부모라 아이들이 상처받을 것 같아서 걱정이 앞섰다.

부자가 돼야 한다는
절실함이 인생을 바꾸다

열심히 살아온
평범한 50대 부부에게 남은 것

얼마만큼 돈이 있어야 부자일까? 내 나이는 50대 중반을 향했다. 지천명이라 불리는 나이에 어떻게 부자가 되지? 머리가 지끈지끈 아팠다. 재산이라고 말할 것도 없는 내 상황을 종이에 적어 봤다.

수도권의 대출 많은 집 1채
남편이 회사에 다니면서 받는 적은 월급
내가 찜질방 매점, 돌보미 일을 하며 받는 월급

50대에 도전해서 부자 되는 법

노후 준비 안 돼 있음

아이들은 아직 자리 잡지 못함

나는 가진 돈이 없었다. 찜질방 매점에서 8시간씩 힘들게 일했지만 그보다 더 힘든 일도 할 수 있었다. 2시간의 돌보미 일도 추가로 하고 있었지만, 생활비에는 별로 도움이 되지 않았다. 부자가 돼야 했기에 돌보미 일보다 근무 시간이 더 긴 시간의 일을 찾았고, 집 앞에 있는 맛집 식당의 주방에서 5시간 동안 주방 보조로 일했다. 온몸이 아플 정도로 힘들었지만, 돈을 모아야 했다. 가족 모두가 두 가지 일은 힘들다고 나를 말렸다. 하지만 딸아이의 눈물을 본 나에게는 아무 말도 들리지 않았다. 몇 개월간 하루도 쉬지 않고 일했지만 부자가 되고 싶다는 절실한 마음에 힘든지도 몰랐다. 나는 나 자신을 버리기로 했다.

그런데 부자가 되려면 무엇부터 어떻게 해야 하는지는 누구도 알려 주지 않았다. 나는 마음이 급한 대로 인터넷에 무작정 '부자', '돈', '성공' 등의 단어를 검색했다. 그리고 관련이 있어 보이는 글은 모조리 찾아 닥치는 대로 읽었다.

그러다가 '부자마녀'라는 닉네임과 그의 블로그를 발견했다. 블로그에 들어가 보니 부자마녀는 자신이 부자가 돼 가는 과정을 계속 기록한다는 것을 알게 됐다. 그 기록들을 하나씩 찬찬히 읽어 보는데 울컥하기도 했다. 그녀는 남편과 중국요릿집을 운영했고 아들만

셋을 두었다. 블로그에 매일 올라오는 글을 읽다 보니 배울 점이 많다고 느껴서 나는 그녀를 마음속 멘토로 삼아 따라 하기 시작했다. 부자마녀와 나의 공통점은 부자가 돼야 한다는 절실함이 있다는 것이었다.

이제부터 인생살이는
속도가 아니라 방향이다

나에게는 두 가지 장점이 있다. 바로 일을 저지르는 유전자와 알 수 없는 자신감을 가졌다는 것이다. 이 두 가지를 무기 삼아 나는 도전을 시작했고, 현재까지 끊임없이 도전하는 중이다.

이런 내가 맨 먼저 도전한 것은 무작정 새벽에 일어나 책을 읽는 것이었다. 새벽 4시에 기상해서 자기 계발서와 '재테크' 단어가 들어 있는 경제 경영서를 찾아 읽었다. 그렇게 한 해에 150권도 넘게 읽었다. 좋은 책은 두세 번씩 더 읽었다. 책은 읽을 때마다 느낌이 다르다. 책을 읽다 보니 책을 써 보고 싶었다. 그래서 3권의 전자책을 만들었다. 전자책을 쓸 수 있었던 것은 블로그에 꾸준히 '일주일에 7만 원으로 밥상 차리기'를 주제로 글을 올렸기 때문이다. 점점 나에게 관심을 주는 블로그 이웃의 수가 늘어나면서 우리 집 밥상을 궁금해하는 사람이 많아졌다. 식비를 절약하기가 어려운 사람들에게 블로그를 통해 내가 식비를 절약한 경험과 노하우를 공유하다 보니 전문적으로 알려 드리고자 하는 마음이 들어서 아예 '뚝딱 절약 식비'라는 콘텐츠를 만들었다. 그리고 가계부 키트도 만들었다.

원하는 사람들을 모집해 '뚝딱 절약 식비' 메신저 방을 만들어서 내가 만든 가계부로 함께 식비 절약을 실천했다. 메신저에서 가성비가 좋은 레시피로 식비를 절약하는 방법뿐 아니라 줄인 식비로 할 수 있는 재테크인 미국 배당주 투자 방법도 함께 알려 드린다. 나는 현재 뚝딱 절약 식비 방의 장으로서 매달 신청자를 모집해 줌에서 '일주일 7만 원 살기' 하루 특강을 진행하고 있다.

그리고 식비를 줄여 꾸준하게 미국 배당주에 투자해 1년에 네 번나오는 수익으로 노후 자금을 준비했다. 배당주는 훗날 목돈이 되어 또 다른 투자도 가능했다. 또한 부동산 공부를 위해 강의를 들었고, 한 달에 두 번 이상 임장을 다니며 부동산 보는 눈을 키웠다. 부동산 공부 모임을 만들어서 꾸준하게 공부하며 멘토가 알려 주고 시키는 대로 의심 없이 실행했다. 그 결과 나는 모아 놓은 종잣돈이 없었지만 사는 집을 이용해 1년 안에 두 번이나 이사하며 자산을 불렸다.

이렇게 나만의 시스템을 구축해서 집 밖에 나가 돈을 벌지 않아도 매달 돈이 들어오게 됐다.

1년 6개월 전, 나의 재산은 수도권의 대출 많은 집 1채가 전부였다. 지금은 대출이 줄어들고 적금이 생겼다. 수도권에 아파트 3채를 갖게 되어 자산이 25억 원이 됐다. 주 수입원으로 월세 50만 원, 미국 주식 배당이 있다. 부수입으로는 앱테크, 전자책, 콘텐츠, 강의, 스마트 스토어 등으로 벌어들이는 수익금이 있다. 그래서 7개의 파이프라인으로 월 200만 원 이상이 월급처럼 내 통장에 매달 들어온다. 맞벌이를 하지 않아도 맞벌이의 효과를 보고 있다.

내 인생에 승부를 걸자
가족의 인생까지 변화했다

50대는 디지털 도구에 약해서 무엇이든 시작하려면 어렵고 느리다. 그래서 나는 젊은 사람들과 나 자신을 비교하지 않았다. 대신 내가 할 수 있는 것부터 시작했다. 새벽 4시에 기상을 해서 독서하는 생활을 습관으로 만들었다. 느리고 서툴지만 도전하는 일마다 꾸준하게 완전히 내 것으로 만들었다. 무엇을 하든 부자가 돼야 한다는 간절함에 힘들지도 않았다. 그런데 새벽에 일어났을 뿐이고, 독서를 했을 뿐인데 삶이 180도로 바뀌었다. 책 속에 지혜와 해답이 있다는 것은 진리였다. PPT, 줌 강의, 결제 방법이나 스마트 스토어, 오픈 채팅방 개설하는 방법 등 모르는 것이 있으면 노트북을 들고 딸과 멘토인 부자마녀 님을 찾아가 물어봤다. 들어도 모르면 한 번 더 물어보고, 한 번 더 책을 읽었다.

이제는 사람들이 나를 알아봐 준다. 온라인에서 '꿈꾸는 서 여사'

라는 '부캐'는 내 이름보다 더 알아준다. 변화된 나의 모습은 남편의 마음도 움직였다. 새벽에 기상해 함께 책을 읽고 돈 공부를 한다. 아이들도 부모의 생활 습관에 스며들어서 나, 남편, 아들, 딸, 사위까지 다섯 식구가 혁명을 시작했다. 새벽에 일어나 가족 단톡방에 인사를 하고 각자의 루틴을 실천한다. 이로 인해 아들에게는 야구 선수를 그만둔 이후 없던 꿈이 생겼다. 딸은 사위를 따라 새벽 기상을 한다. 텔레비전을 껐다. 서점을 자주 가게 됐다. 가족의 대화 주제가 바뀌었다. 이제는 서로의 꿈에 관해 이야기한다. 가족이 함께 공부하고 투자하며 같은 곳을 바라본다. 나의 변화가 가족 모두에게 변화를 불러왔다.

나의 블로그에는 노후가 두려운 50대와 60대 분들이 댓글을 많이 단다. 부자가 되려면 어떻게 시작하면 되는지, 서 여사처럼 하고 싶은데 방법을 모르겠다며 알려 달라고 한다. 강의를 하게 된 후 다양한 연령대를 만나고 보니 40대도 노후를 불안해한다는 것을 알았다. 점점 나를 멘토라 부르며 따라 하는 사람들이 생겼다. 책을 읽고 강연을 들으러 다니면서 멘토가 성공한 방식을 무조건 꾸준히 따라 했던 내가 이제는 사람들에게 나의 노하우를 알려 준다. 몸테크와 돈 공부를 지속하며 투자하면 누구라도 가능하다고 말이다.

2장

부자들의
돈 버는 습관
따라 하기

내일을 180도 바꾸는 생활 방식

기적이 일어나는
시간을 맞이한다

나의 하루는
새벽 4시에 시작된다

부자마녀 님은 블로그에서 가계부 모임, 새벽 기상 모임, 독서 모임을 만들어 운영했다. 나는 먼저 가계부 모임을 신청하고 이후 '새벽 마음 정원'이라는 새벽 기상 모임을 신청했다. 부자들은 모두 새벽에 일어나 하루를 시작한다는 말에 나는 주저 없이 새벽 4시에 기상하기로 했다. '혼자는 못 하지만 사람들과 같이하면 할 수 있겠지?' 하는 기대를 품었다. 새벽 4시에는 일어나 본 적이 없던 내가 겁도 없이 알람을 맞췄다. 새벽 기상을 시작한 또 다른 이유는 책을 좋아하지 않는 내가 새벽 시간이라면 독서에 집중할 수 있지 않을까 싶었기 때문이다.

하루, 이틀이 지나 사흘째 되는 날 어김없이 3시 55분에 울려 대는 알람 소리가 너무 크게 들렸던지 옆에서 자고 있던 남편이 소리를 질렀다.

"뭐 하는 거야? 지금 이 시간에 자는 사람 깨워야 해?"

"미안해, 다시 자."

사과를 하고 거실로 나왔지만, 기운이 빠졌다. 남편은 아침에 출근해야 하니 힘들겠다고 이해는 한다. 그래도 함께 부자가 되기로 해 놓고 책 좀 읽어 보겠다는 아내에게 왜 이렇게 짜증을 내는지 모르겠다. 사실 나도 새벽에 일어나자마자 눈을 비비고 책을 읽는 것이 너무나 힘들었다. 처음에는 책을 펴 놓고 꾸벅꾸벅 조느라 10장도 못 읽는 날이 허다했고, 책을 읽다 말고 도로 방으로 들어가서 자는 날도 많았다. 2월 말의 새벽 4시는 칠흑 같은 어둠이 특히나 더 진한 듯 느껴졌다. 7시가 돼도 어두웠다.

그러나 나는 새벽 기상과 독서를 계속해야만 했다. 글쓰기 강의에서 "읽는 것은 행동하게 하고, 쓰는 것은 이루어지게 한다"라는 말을 들었다. 부자가 되려는 내가 책에서 배우는 지식과 습관들은 나를 포기하지 않게 했다. 매일을 '나처럼 새벽 4시에 커피를 내려 마시는 여자가 또 있을까?' 궁금해하며 책장을 넘겼다. 어려운 책은 읽다가 잠들어 버리는 마법에 걸린다는 걸 몸소 알고 있었기에 쉽게 읽히는 책부터 읽어 나갔다.

어떻게 꾸준히
일찍 일어날까?

새벽 기상을 한 지 3주 차가 되고 독서까지 하려니 목과 허리도 뻐근하고 온몸이 아팠다. 허리가 아플 때는 걷기만큼 좋은 것이 없다. 독서를 2시간 정도 하고 무작정 나가서 걸었다. 춥고 깜깜한 날씨에 걷는 것 역시 쉽지 않았지만 독서를 하며 뭉친 근육도 풀고 생각을 정리를 할 수 있다는 면에서 좋았다. 어떤 목표를 세우고 실행하는 방법을 생각하는 것은 혼자 걷는 시간에 가능한 일이었다. 이렇게 독서와 운동이라는 두 가지의 루틴으로 나의 새벽 기상을 이어 갔다.

2개월쯤 독서와 운동에 집중하며 새벽 시간을 알차게 보내던 어느 날 몸에서 신호가 왔다. 그럴 만도 했다. 항상 6시 전후에 일어나던 사람이 갑자기 2시간을 앞당겨 일어나니 몸에서 놀란 것이다. 낮에 졸음이 쏟아지는 것은 물론이거니와 저녁 9시만 되면 앉아서도 졸고 있었다. 이유를 생각해 보니 수면 시간이 충분하지 않아 늘 멍하고 졸린 것이었다. 수면 시간이 4~5시간뿐이었으니 말이다. 또 몸에서 받아들일 준비도 하지 않고 갑자기 기상 시간을 당기면서 더 힘든 것 같았다. 나는 일찍 자는 것으로 밤 시간을 과감하게 포기했다. 수면 시간을 6시간으로 맞췄고, 낮에 졸음이 오면 30분씩 낮잠을 잤다. 낮잠을 자고 나면 개운하기도 하고 오후 시간이 덜 피곤했다.

새벽 기상의 요령을 하나 알려 드리자면, 기상 시간을 6시부터 시작해 일주일마다 10분씩 당겨 기상하면 무리 없이 기상할 수 있다. 일주일 후에는 5시 50분에 일어나고, 그다음 주는 5시 40분, 그다음 주는 5시 30분에 일어난다면 몸에서 눈치채지 못하게 기상 시간을 앞당길 수 있다.

이렇게 3개월째 새벽에 일어나다 보니 나만의 루틴이 구체화되고 생활도 바뀌었다. 이후 독서와 운동을 했던 새벽 시간 루틴에 글쓰기가 추가되고 경제 기사 읽기와 부동산 공부도 매일 조금씩 하게 됐다. 새벽 시간은 하루 24시간 중 최고로 집중해서 많은 루틴을 실천할 수 있다. 나폴레옹은 하루에 3시간만 잤다고 하니 새벽 기상의 위력은 대단할 수밖에. '책을 꼭 읽어야 해? 책을 안 읽어도 사는 데 문제 없을 텐데' 하는 생각이 들 수도 있겠지만 부자나 성공한 사람들은 책을 가까이하며 새벽에 기상한다.

독서를 돈만큼
소중하게 여긴다

어떻게 읽어야
책 한 권이 내 자산으로 바뀔까?

새벽 기상에 점점 적응되어 어느새 알람이 울리면 정신이 깨기 전에 몸이 먼저 일어나 커피 그라인더를 돌렸다. 독서의 환상적인 짝꿍이 돼 줄 커피를 잔에 가득 채우고 나만의 공간으로 향한다. 한 손에는 커피 잔을 들고 다른 한 손으로는 책장을 넘기며 새벽을 보냈다.

처음에는 무작정 책만 읽었는데 독서법 책들을 읽고 더 효과적으로 책 읽는 방법을 터득했다. 독서를 한 후 공책에 서평을 적는 것이다. 책을 눈으로 읽는 것에서 끝내지 않고 서평과 필사를 할 때 책의 정보가 마음에 와닿는 강도도 다르고 오롯이 나의 지식으로 스며든다. 책을 읽고 가장 기억에 남는 문장이나 이전과 달라진 생각들을 서평을 쓰면서 정리할 수 있다. 그럼 책 내용에서 내 삶에 적용할 점은 무엇이 있을지를 한 번 더 생각하게 된다. 이렇게 하니 더 빠르게 성장할 수 있었다.

독서의 즐거움을 알게 된 후부터 나는 휴일이면 텔레비전을 보는 대신 서점이나 도서관에 갔다. 도서관에는 최근 출간된 책을 포함한 많은 책이 있기에 마음먹고 가서 온종일 책을 읽고 올 수 있다. 도서관에 가 보면 60대 이상의 분들이 독서하고 공부하는 모습도 많이 보인다. 그분들을 볼 때면 '내가 늦지 않았구나, 지금 시작해도 충분하겠구나!' 하는 생각과 용기가 솟는다. 코로나19 이후 도서관이 문을 닫았지만, 방문 대여는 가능하기에 꾸준히 책을 대여해서 읽고 있다.

나는 서점에 책 한 권을 사러 갈 때면 두 권 정도는 책을 꼭 읽고 나온다. 서점에 가려고 집을 나설 때부터 온종일 독서에 빠져 보겠다는 마음을 먹는다. 서점에 가는 날은 책 한 권을 사는 것 외에는 돈을 쓰지 않는다. 그러려면 서점에는 혼자 가야 한다. 부자가 되려고 열심히 독서하는 것인데 점심값에 커피값까지 지출하는 것은 어불성설이다. 그보다 책 한두 권을 더 사는 편이 낫다.

헛된 지출을 막기 위해 이런 방법을 택했다. 서점에 갈 때는 집에서 점심을 먹고, 커피 한잔을 텀블러에 담아서 나온다. 서점에서는 책을 집중해서 읽고 해가 지기 전에 집으로 돌아와 저녁을 먹는다. 그럼 하루가 얼마나 뿌듯한지 모른다. 실업자가 되어 시간이 많이 생긴 나는 취업을 다시 하기보다는 위기를 기회로 만들기로 했다. 이런 생각도 책을 많이 읽고 답을 얻은 것이다.

책을 읽을 때는 반드시 밑줄을 긋고 메모하고 귀퉁이를 접어라

독서력을 더 키우고 싶다면 독서 모임을 참여하는 것도 도움이 된다. 세 군데의 독서 모임에 참여하고 있는 나는 책 읽는 방법을 바꾸고 조금 더 깊이 있는 독서를 하게 됐다. 책을 집중해서 읽는 방법도 독서 모임에서 배웠다.

책을 제대로 읽으려면 먼저 책을 들고 앞뒤로 구부린 다음 책에 바람을 넣어야 한다. 그리고 책의 가운데 부분을 펴서 손바닥으로 꾹꾹 누른다. 절반을 뒤집어서 반을 접어 본다. 책을 길들여야 읽기가 수월하다. 그다음 눈으로 책을 전체 훑어본다. 책과 친해지려면 형광펜과 연필을 준비한다. 책을 깨끗하게 읽으면 눈으로만 읽는 것이다. 낙서하며 읽어야 책 내용이 기억에 오래 남는다. 형광펜으로는 와닿는 문장에 밑줄을 긋고 연필로는 밑줄을 친 문장에 나만의 생각을 한 줄 적어 본다. 근사한 글이 아니어도 된다. 순수한 내 생각을 적다 보면 글감의 키워드를 찾을 수도 있다. 좋은 글이 있는 페이지는 상단이나 하단의 귀퉁이를 접은 후 핵심 키워드를 바로 적어 놓는다.

나만의 독서법으로는 책을 읽고 떠오른 질문을 다섯 가지 정도 종이에 쓰는 것이 있다. 책을 읽다가 좋은 대목이나 저자는 왜 그렇게 생각했을지 의도를 파악해 공책에 적어 둔다. 또한 독서에 집중이 안 될 때는 소리 내어 읽는다. 내 목소리를 들으며 문장을 읽으면 집중력이 생긴다. 책을 여러 권 읽다 보면 가슴이 뛰는 인생 책을 만나기도 한다. 인생 책을 만나면 밑줄을 그어 가며 책이 너덜너덜해질 때까지 두세 번을 곱씹어 가며 읽기도 한다. 책을 읽고 나서는 바로 서평도 쓰고 내 생활에 적용하려고 노력했다. 책에서 한 가지라도 나에게 적용할 점을 찾는다면 성공한 독서다.

독서 모임을 함께하는 이들과 책 읽는 습관이 쌓이면서 매년 달성하고 싶은 꿈이 생겼다. 매년 책을 100권씩 읽는 것이다. 더는 찜질방 매점 이모로 살지 않으려면, 내가 원하는 바를 이루려면 스스로 해답을 찾아야 했다. 새벽 기상과 독서가 나에게는 그 첫 번째 해답이었다. 스스로 게으른 삶과 이별하고 새로운 인생의 벽을 뚫어야 했다. 새벽 4시 일어나 창문을 열고 '타임스탬프'라는 인증샷 어플로 기상 시간과 읽는 책을 모임에 인증하며 열심히 살아 보겠다고 세상에 외치기 시작했다.

50대에 도전해서 부자 되는 법

'부자가 되겠다'와 '다이어트 하겠다'는 말이
같은 뜻인 이유

나는 부자가 되기 위해 많은 자료를 찾아보고 강의도 들어 보고 책도 읽었다. 이를 통해 알게 된 것은 다이어트의 실패 사례가 많듯이 부자가 되는 것 역시 말만 하고 행동으로 옮기지 않기에 많은 사람이 실패한다는 것이다. 사실 부자가 된다는 것은 힘든 일이다. 다들 이미 바쁘게 사느라 부자가 되고 싶은 마음이 간절해도 행동으로 옮기지 못할 뿐이다. 그러나 부자가 되고 싶다면 노력의 방향을 바꿔야 한다.

부자로 살고 싶다면 무조건 첫 번째로 해야 할 일은 책을 읽는 것이다. 처음에는 무작정 읽어도 된다. 책이 무슨 내용인지 도통 눈에 들어오지 않겠지만 그래도 일단 펴고 천천히 한 자 한 자 읽어 보는 습관을 들여야 한다. 자신에게 도움이 되는 내용이면 천천히 두세 번을 읽고 그렇지 않으면 빠르게 읽어 나간다.

"의심하지 않고 시작하면 목표와 꿈이 현실이 된다"라는 말에 나는 그날부터 목숨을 걸고 부자가 되는 습관들을 실천하고 있다. 그래서 내가 독서와 함께 실천하는 습관은 바로 기록이다. 수첩에 일과를 기록하고 일기를 쓰며 책에서 좋은 글귀를 만나면 필사도 해놓는다. 물론 내게 처음부터 이런 습관이 있던 건 아니다. 부자가 되고 싶었기에 좋다고 하는 것은 모조리 실행으로 옮긴 것이다. 처음에는 식견이 모자라 이것저것 시도하다가 실패한 방법도 많았다.

또한 꼭 새벽 시간이 아니어도 괜찮다. 틈새 시간을 잘 활용하면 된다. 예를 들면 점심시간이나 출퇴근 시간을 활용해 책을 읽는 것이다. 퇴근 후에도 얼마든지 자투리 시간이 많다. 우리는 틈새 시간에 대부분 스마트폰이나 텔레비전을 보느라 활용을 못 한다.

나는 책을 통해 내 안에 잠재된 실행력을 깨우고 기록을 하면서 나 자신을 바꿀 수 있다는 것을 배웠다. 어느 저자 강연에서 이런 말을 들었다.

"무엇을 시작할 때 이해가 안 되면 그냥 하고 이해가 되면 목숨을 걸고 하라."

자기만의 영향력을
키운다

블로그에 수다를 떨자
1개월 만에 이웃 500명이 생겼다

오랜만에 내 블로그에 접속해 들여다보니 2014년도에 가입했다는 사실을 발견했다. 그때 처음으로 올린 '분당 율동공원 가을 끝자락'이란 제목의 게시물에는 늦가을의 멋진 나무를 찍은 사진과 짧은 감상이 전부였다. 그 후 한번씩 기념할 일이 있거나 근사한 상차림을 한 날이면 게시물을 올렸지만, 꾸준하지 않아 점점 방치됐다.

책을 읽기 시작하면서 블로그도 다시 시작하기로 마음먹었다. 내가 새벽 기상 후에 독서를 하다 보니 난생처음 '글을 써 볼까' 하는 생각이 들었다. 서점에 가서 책들을 들춰 보면 어쩜 그렇게 글을 잘 쓸 수 있는지 작가들이 내심 부러웠다. 그래서 새벽 시간에 한 가지 루틴을 더 추가했다. 새벽 4시에 일어나면 독서를 2시간 정도 한 후 노트북을 켜서 무작정 글을 쓰는 것이다. 그러자 2020년 5월 20일부터 내 블로그는 활기가 가득 찬 공간으로 바뀌어 갔다.

블로그는 내 생각이나 읽은 책을 서평 하기에 정말 좋은 곳이다. 책을 읽은 후 책에서 가장 기억에 남는 한 문장, 책을 읽고 달라진 생각들이나 내 삶에 적용할 점을 블로그에도 기록해 보면 읽은 책을 더 깊게 이해할 수 있었다. 처음에는 블로그에 무슨 글을 써야 하는지를 몰라서 다른 이들의 블로그를 탐색했다. 다른 블로거들의 일상이 담긴 글들에 관심을 갖고 읽어 보니 쉽게 읽히는 글이 있는가 하면 읽기 어려운 글도 있었다. 나는 사람들에게 쉽게 읽히는 글을 쓰고 싶어서 서평과 더불어 나의 솔직한 이야기를 블로그에 기록하기 시작했다.

나는 블로그의 색깔을 정하기로 하고 요리에 초점을 맞췄다. 그러고 나서 나만의 비법이 담긴 가성비 좋은 상차림을 하나 올려 봤다. 이웃이 별로 없는 시기라 댓글은 없었다. 그래도 매일 하나씩 밥상 사진과 글을 올렸다. 점차 이웃들이 생겨나 댓글이 달리기 시작했다. 생닭 두 마리를 9,000원에 사 온 날, 한 마리는 닭볶음탕을 하고 한 마리는 치킨으로 만들었다. 닭볶음탕의 사진이 꽤 먹음직

50대에 도전해서 부자 되는 법

스럽게 보였는지 닭볶음탕의 레시피를 물어보는 이도 있었다. 집에서 치킨을 만든 과정을 블로그에 올린 날 이웃이 많이 늘어났다. 가게에서 파는 치킨보다 맛있어 보인다며 많은 사람이 나의 블로그에 관심을 줬다.

이렇게 블로그에 재미를 붙인 나는 매일 밥상 사진과 함께 글을 쓰며 하루를 시작했다. 이때부터 블로그 이웃들에게 나만의 식재료 보관법도 하나씩 알려 줬다. 가끔 맛있는 음식을 만들어 글을 올릴 때면 레시피도 함께 공개했다. 자신이 있는 음식의 레시피를 공개하며 이웃들과 소통을 활발하게 했다. 블로그를 다시 시작한 지 1개월쯤 되니 처음에는 12명이었던 이웃이 500명까지 늘어났다. 나는 남편을 영감탱이라 칭하며 편하고 재미있게 글을 썼다.

"울 영감탱이, 마트에 보냈더니 한가득 식재료를 담아 왔어요. 이런! 큼지막하고 살아 있는 전복이랑 자꾸 눈이 마주친다나 뭐라나. 전복이 그러더래요, 나 좀 데려가라고. 그래서 전복을 집에 데리고 왔네요. 이왕 사 온 거 어쩌겠어요. 식재료 손질 들어갑니다."

이런 식으로 글을 썼더니 반응이 아주 좋았다. 블로그는 사람들과의 소통에 특화돼 있다. 내 글을 읽은 이웃들의 칭찬에 용기가 생겨 글을 더 많이 쓰게 됐다. 평생 일기도 제대로 써 본 적이 없고, 학생 때는 흔한 백일장에 나가서 수상 한 번 못해 본 나지만 50대가 돼서 새벽마다 글을 쓰고 있다. 내 친구 돋보기와 함께 말이다. 가족은 돋보기를 쓴 나의 모습이 꼭 영국 할머니 같다고 한다. 영국 할머니면 어떠하리, 나는 지금 가슴 벅차게 글을 쓰고 있는데. '오늘은 어떤 이야기를 글에 담아 볼까' 생각하는 새벽 시간이 참 좋다.

블로그에 글이 술술 잘 써지는 날이 있는가 하면 어느 날은 무엇을 어떻게 써야 할지 도저히 생각이 안 날 때도 있다. 그럴 때면 나는 이웃들의 블로그로 놀러 간다. 이웃들의 재미있는 글이나 슬픈 글을 보면서 나도 모르게 혼자 키득거리거나 울컥하기도 한다. 이렇게 블로그의 묘미를 서서히 알아 갔다.

그동안 관객처럼 살았다, 이제는 주인공으로 살리라

블로그를 시작하고 글 쓰는 재미를 느꼈다. 글을 쓸수록 실력도 늘어나 나도 내 글을 읽다 보면 재미있고 뿌듯하다. 블로그를 시작하고 또 변한 것이 있다. 이웃들의 댓글에 성의껏 댓글을 달아 주게 됐다. 그리고 이전에는 다른 블로그 글들을 읽기만 하고 말았다면 이제는 좋은 글에 댓글을 달며 칭찬도 해 주곤 한다. 이렇게 이웃들과 소통한다는 것은 서로에게 용기를 주는 좋은 일이다.

글쓰기를 시작하면서 달라진 점은 책의 제목을 살펴보게 된 것이다. 이제는 책의 제목을 보면서 작가가 말해 주고 싶은 바가 무엇인지 알 수 있었다. 또한 블로그에 책을 읽고 서평을 쓰다 보니 포털

50대에 도전해서 부자 되는 법

사이트 카페에서 진행하는 출판사 서평단에 뽑히는 기회도 얻을 수 있었다. 책을 무료로 받아서 읽고 후기도 쓰면서 글을 쓰는 매력에 한층 더 빠져들게 됐다.

아이들이 20대 중후반이 되어 내 품에서 벗어나는 시기가 되니 점점 자유로운 시간을 얻을 수 있었다. 그 시간에 마음껏 서점과 도서관을 다니며 책을 읽으면서 마음의 양식을 쌓았다. 또 매일 글을 쓰며 글쓰기 근육도 단련하고 있다. 글쓰기 스터디에서 만난 작가님에게 글을 잘 쓰는 방법을 배우는 중이다. 글을 쓴다는 것이 쉬운 일은 아니지만, 점점 글 쓰는 매력에 빠져 물들어 갔다. 그리고 '글에 물들다'라는 말이 참 좋아 나도 막연하게 작가를 꿈꾸게 됐다. 내 글에 물들어 가고 싶고, 독자들이 내 글에 물들어 가면 좋겠다는 꿈이 생겨 미래에 쓸 명함도 만들어 봤다.

'글에 물들다 대표 작가 꿈꾸는 서 여사'

그래, 나는 꿈꾸는 서 여사였다. 늘 꿈을 꾸고 꿈을 이루기 위해 나아가며 수많은 날을 새벽에 기상해 책을 읽고 글을 썼다. 그러다 "언젠가는이 아닌 지금 당장"이라는 말에 용기를 얻어 당장 책을 써 보고 싶다는 생각이 들었다. 책을 내려면 일단 원고가 필요했다. 나는 글을 얼마나 써야 하는지도 모르면서 매일 꾸준히 한두 장씩 써 보기로 했다.

처음으로 나의 이야기를 간단하지만 솔직하게 써 보려 한다고 친구들에게 말하니 두 반응으로 나뉘었다. 의지를 북돋는 친구와 말리는 친구. 나에게 응원해 주며 잘할 수 있다고 말해 주는 친구도 있었고, 내 이야기를 뭐하러 세상에 알리려고 하느냐며 말리는 친구도 있었다. 50이 넘으면 힘을 빼고 살아야 하는데 도리어 힘을 주고 산다며, 그러다 긴장이 풀리면 자칫 아플 수도 있다고 겁을 주는 친구도 있었다. 하루는 글을 쓰면서 겁이 나기도 했다. 그렇지만 나는 지금 이렇게 실천했다.

이렇듯 새벽 기상과 독서는 나에게 많은 용기를 줬다. 새벽 기상을 하지 않았다면 책도 읽지 않았을 테고, 그럼 글을 쓰겠다는 생각도 하지 않았을 것이다. 물론 희망만 가득하지는 않았다. '내가 할 수 있을까?' 하는 불안감이 종종 엄습했다. 두려움과 희망 사이에 '계속해야 하나? 그만해야 하나?' 하는 갈등이 존재했다. 하지만 나는 두려움보다는 희망을 품기로 했다. '언젠가는'보다 '지금 당장'을 선택하기로 했다.

"관중이 되지 말고 무대 위로 올라가라."

어느 강의에서 들은 말이다. 객석에서 구경하는 관객이 되지 말고 내가 주인공이 되어 사는 삶을 당장 살아 보고 싶어졌다. 나이를 먹었다고 못할 것이 없다. 기회가 오기만을 앉아서 기다리기보다 밖으로 나가 찾아보자.

내가 없으면
억만금도 소용없다

하루에 1만 4,000보씩
걷게 된 이유

체중을 감량하기로 작심한 건 딸아이의 결혼식에 혼주 한복을 예쁘게 입고 싶어서였다. 코로나19와 오십견을 핑계로 겨우내 집에 있었다. 점점 몸이 무거워져 맞는 옷이 없는 만큼 외출이 두려워졌다. 봄이 오는 길목에 흐드러지게 피어 만발한 벚나무가 손짓했지만, 무거워진 몸이 대답을 회피했다. 그 사이 거리는 분홍빛으로 번졌다. 나는 다이어트를 선언했다. 불어난 체중을 10킬로그램은 감량해야 한다.

운동이 중요하다는 것은 잘 알지만 실천하기가 쉽지 않았다. 그런데 《몸이 먼저다》에서 "지금 몸 상태 그대로 여생을 보낼 생각인가?"라는 문장을 읽고 두려워졌다. 운동하는 사람들의 공통점은 부지런하다는 것이다. 성공한 사람들도 부지런하다. '운동' 두 글자를 마음에 새겨야 했다.

처음으로 홈트를 시작했다. 요즘은 홈 트레이닝이 유행이다. 팬데믹이 운동하는 방식을 바꿔 놓았다. 유튜브 등 온라인에서 많은 홈트 영상을 볼 수 있다. 돈을 들이지 않아도 운동할 수 있는 기회가 많아진 것이다. 나는 집에서 매주 3회 상체, 하체, 전신 세 가지를 나누어 40분씩 운동을 했다. 온라인 자기 계발 프로그램에서 실시간으로 하는 줌 수업을 보며 따라 했다. 온라인임에도 시간을 재며 열심히 수업해 주니 땀이 많이 날 정도로 힘이 든다. 6개월 동안 한 줌 홈트 수업이 끝날 무렵 강사님 부부는 멋지게 바디 프로필을 찍었다. 멋진 모습을 보니 꾸준히 몸 관리하는 사람들이 부러웠다. 홈트가 친숙해졌을 때쯤 게으름에 하지 않았던 새벽 달리기를 시작했다.

새벽에 기상하는 내가 유독 운동에만 게을렀다. 그래서 눈 뜨자마자 운동화를 신고 나가서 걷기 시작했다. 지금은 100세 시대다. 오십견 때문에 내 몸을 방치할 수는 없었다. 하루 1만 4,000보를 두 번에 나누어 공원에서 1시간, 러닝 머신에서 1시간을 집중적으로

50대에 도전해서 부자 되는 법

걸었다.

걷기는 남녀노소 모두 지금 바로 할 수 있고 힘들지 않게 운동할 수 있는 가장 만만한 방법이다. 시간과 장소의 제약이 없고 비용이 들지 않는다. 운동화만 있으면 가능하다. 기분을 전환하기에도, 생각을 정리하기에도 걷기만큼 좋은 것이 없다. 에너지도 높아진다. 공원에 나가 보면 걷는 사람이 많다.

걷기의 종류는 완보, 산보, 속보, 급보, 강보, 경보가 있다. 이중 내가 하는 걷기는 속보, 빠르게 걷기다. 땀이 조금 날 정도로만 빠르게 걸으면 심폐 기능이 좋아진단다. 체지방이 감소하여 체중 감량은 물론이고, 심장 질환을 예방한다니 고혈압 환자인 나에게 이만한 운동은 없었다. 걷기야말로 도랑 치고 가재 잡는 운동이다.

나는 걸을 때 주로 이어폰을 끼고 강의를 듣는다. 내가 주로 듣는 건 '부동산 읽어주는 남자'와 '아파트 읽어주는 여자' 유튜브다. 부동산 유튜버들이 하는 무료 강의를 찾아 1시간을 듣고 나면 어느새 목적지에 도착한다. 걸음 수로는 약 7,000보다. 복잡한 일을 정리할 때는 1990년대 댄스곡들을 들으며 신나게 걷기도 한다. 잠시나마 흥겨운 노래로 머릿속이 비워지는 느낌이다. 햇볕 좋은 거리를 걸을 때는 행복함이 밀려온다.

걷기와 친하지 않다고 생각했는데 막상 걷기 시작하니 미미하지만 체중이 감량되는 효과가 보였고, 운동에 관한 생각도 바뀌었다. 재미를 느끼지 못했던 헬스클럽은 오로지 러닝 머신만 하던 곳이었는데, 몸이 가벼워지니 근력 운동에도 도전했다. 식단을 현미밥과 채소로 위주로 바꾸고 저녁을 고구마나 삶은 달걀로 간단하게 먹기 시작했다. 식탐이 많아 안 될 거라는 생각에 시도조차 하지 않았는데 걷기가 생각과 먹는 것도 바꿨다.

무라카미 하루키에게 배운 인생에서 가장 중요한 것

1만 4,000보씩 걸은 지 6개월쯤 지났을까? 아들이 가족과 5킬로미터 마라톤 경기에 나가자고 제안했다. 마라톤은 내게 큰 모험이었다. 50대 이후에는 무릎을 보호해야 하기에 달리기를 하지 않았다. 하지만 걷기만으로 체중을 감량하기가 쉽지 않으니 뛰어 보기로 했다. 뛰어야만 뱃살이 빠진다는 말 때문이었다.

말대로 빠르게 체중을 감량하는 데는 달리기가 최고였다. 달리기를 한 첫날은 운동선수 출신 아들과 함께 1킬로미터를 달렸다. 아들이 호흡하는 방법과 뛰는 법을 알려 주니 수월했다. 달리는 데도 방법이 있었다. 발을 통통거리며 뛰어야 한다. 호흡도 한 발을 디딜 때 들이마시고, 또 한 발을 디딜 때 내쉬어야 힘이 덜 든다. 숨에 달려 허덕거렸지만 달리기가 전신 근육 운동이자 유산소 운동이라 꿈적도 안 하던 체중이 내려가기 시작했다. 3킬로그램이 감량됐다. 운동의 필요를 못 느끼던 내가 환골탈태하고 있었다.

손기정 평화마라톤 5킬로미터 부문을 신청하고 연습에 돌입했다. 2킬로미터를 뛰어 보니 6개월간 걷기로 키운 체력이 도움이 됐다. 한 달째 되니 5킬로미터를 뛰었다. 달리기 시작 전에는 간단하게 스트레칭을 하고 '런데이'라는 앱을 켰다. 거리와 속도를 측정해 주기에 끝까지 달릴 힘이 생긴다. 운동으로 체력을 만들어 놓으니 '달릴 수 있다'는 자신감이 생겼다. 마라톤 경기 날짜를 기다리며 운동을 습관으로 만들어 놓았다.

그즈음 11월은 코로나19 상황이 점점 심각해졌다. 마라톤은 버추얼 코스로 바뀌었다. 동네에서 스스로 혼자 뛰고 인증하는 것이다. 가족과 함께 뛰고 싶었기에 아쉽지만 언젠가 기회가 또 오리라 생각하며 대회 신청을 취소했다.

달리기로 몸이 가벼워졌다. 더구나 새벽 공기를 마시며 뛰는 상쾌함이란 해 보지 않은 사람은 절대 모른다. 내가 그랬다. 달릴수록 허리와 다리 근육이 발달하고 하체가 튼튼해지는 것을 느꼈다. 하루 20분에서 30분 정도를 달리면 암 발생률과 심장 마비로 인한 사망률도 낮춘다는 통계도 있다.

달리기를 이야기하자면 일본 작가 무라카미 하루키가 생각난다. 그는 매일 10킬로미터를 달리고 난 후 글을 쓴다고 한다. 글쓰기에 집중하기 위해 하루의 시작을 달리기로 한다니, 바쁠수록 중요한 것을 먼저 실천하는 사람이다. 하루키의 에세이 《달리기를 말할 때 내가 하고 싶은 이야기》를 읽고 그가 달리기를 하는 원초적인 이유를 찾았다. 하루키는 어떤 일이 잘 안 풀리거나 글이 좀처럼 써지지 않을 때 그 해결책을 매일 아침 달리는 길 위에서 배운다고 한다. 세계적인 작가의 꾸준함은 내가 본받을 점이었다.

내게도 운동이 중요한 일이 됐다. 달릴 때는 숨이 받쳐 힘들지만, 상쾌한 바람을 맞으며 달리다 보면 묵은 화도 누그러졌다. 체중을 감량하니 혈압은 저절로 내려갔다. 10개월 만에 8킬로그램이 감량됐다. 피곤함이 없어지고 더는 무기력하지 않았다. 스트레스도 줄어드니 화가 나지 않았다. 비만은 질병이었다. 고혈압으로 병원에서 평생 약을 먹어야 한다는 말을 들은 내게 운동을 해야 하는 목적의식이 생겼다. 이제는 운동으로 건강한 인생을 살고 있다.

성공한 사람들이 실천하는 습관 중 두 가지를 꼽으라면 독서와 운동이다. 습관의 힘은 정말 대단한 위력을 지녔다. 운동을 시작하고 나서는 통장 쪼개듯이 시간을 쪼개기 시작했다. 특히 운동은 시간을 내야 하기에 틈새 시간으로 하니 좋았다. 나는 신호등을 기다리면서 목 스트레칭이나 발목 돌리기를 한다. 일부러 엘리베이터를 타지 않고 계단을 오르며 유산소 운동을 한다.

자산이 아닌 빚은
만들지 않는다

명품 그릇에 투영된
잘살고 싶다는 마음

쉽게 만들 수 있는 데다가 내 돈 쓰는 것 같지 않은 신용 카드로 인해 한때 충동구매와 친구하던 시절이 있었다. 주로 아이들의 용품을 살 때나 식비, 특히 외식비에 아무 거리낌없이 신용 카드를 긁어 댔다. 그런데 나는 신용 카드를 남용하는 데 그치지 않았다. 집에서 음식도 제대로 해 먹지 않던 시절, 백화점에서 산 접시 하나를 시작으로 그릇을 사 모았다. 우연히 가입한 인터넷 그릇 카페에서 음식이 담겨 있는 예쁜 그릇 사진을 보고는 '나도 저렇게 살아야지'

하며 그릇에 욕심을 낸 것이다. 명품 가방이 있듯이 명품 그릇이 있다는 것을 그즈음에 알았다. 접시 하나의 가격이 말도 안 되게 비쌌지만, 이미 그릇에 홀딱 빠진 나에게 가격이 보일 리가 없었다. 그렇게 돈을 쓰면 남편이 말릴 법도 한데 그릇의 가격을 모르는 남편은 예쁘게 차려 나오는 요리를 보며 아무 말도 하지 않았다. 그릇을 산 후 요리를 시작했기에 '마누라가 웬일로 살림을 할까?' 하며 그저 기쁜 마음이었을 것이다.

인터넷 그릇 카페에서는 너도나도 예쁜 그릇에 음식을 담은 사진들로 경쟁했다. 나 또한 경쟁심에 열심히 재료를 사다가 요리했다. 명품 그릇에 떡볶이를 담을 수는 없으니 스테이크나 샐러드, 스파게티를 만들었다. 나도 부자인 양 과시하고 싶은 마음이 가득했다. 하지만 여유가 없는 사람이 여유 있는 척하기는 그리 오래가지 못했다. 그릇 값도 비쌌지만 음식 재료도 비쌌기 때문이다. 형편상 카페 회원들과 더는 경쟁할 수 없던 나는 그릇 카페를 탈퇴했다. 그리고 나의 요리도 중단됐다. 명품 그릇들은 더는 할 일이 없어져 싱크대 안쪽에 자리 잡았다.

배우자의 은퇴를
미루지 않는 법

그릇과 굿바이를 한 후 신용 카드 납부액은 줄었지만, 여전히 교육비를 포함한 각종 생활비와 외식비로 가계 경제가 흔들렸다. 아무 생각 없이 돈을 썼기 때문이다. 지난 시간을 되돌아보니 나 자신이 한심했다. 부자가 되기에도 전략이 필요하거늘 제대로 된 방향도 없이 그저 '빨리 달려야 한다'는 생각에만 마음이 급했다. 이제는 목적지가 있는 발걸음에 속도를 냈다. '이대로는 안 되겠다'는 생각에 절박한 마음으로 무작정 동네 도서관으로 가서 재테크 책들을 빌려 와 읽기 시작했다.

책에서는 하나같이 신용 카드를 없애야 한다고 강조했다. 마침 카드값으로 힘들게 사는 중이었기에 당장이라도 신용 카드를 없애고 싶었다. 내 신용 카드 1장, 남편의 신용 카드 3장, 총 4장의 신용 카드 중 일단 내 것을 먼저 가위로 자른 후 신용 카드 회사에 전화를 걸어 완벽하게 탈회했다. 이제는 남편의 카드만 남았다. 남편에게 조심스럽게 신용 카드를 없애자고 말을 하니 반대를 했다.

"급하게 써야 할 곳 있으면 어떻게 할 거야?"

"비상금 통장을 만들면 된대."

"집 담보 대출을 받을 때 매달 50만 원은 써야 이자 할인을 받을 수 있다고 했어. 이 카드는 절대 못 없애."

남편은 강경했다. 나는 책에서 배운 내용을 이야기하며 남편을 설득해 일단 신용 카드 2장을 없앴다. 신용 카드를 탈회하려면 남아 있는 카드값을 다 결제해야 탈회가 된다고 했다. 바로 갚을 돈이 없었기에 적금 하나를 해약하여 카드값 결제를 마치고 1장을 더 탈회했다. 대출 이자와 관련이 있는 마지막 카드 1장은 은행에 전화해 보고 결정하기로 했다. 다음 날 은행에 전화해 본다던 남편에게 신용 카드를 탈회하자고 연락이 왔다. 연계된 체크 카드로 50만 원을 써도 똑같이 이자를 할인해 준다는 것이었다. 집 담보로 대출을 받을 때 대출한 은행에서 만든 신용 카드를 매달 50만 원은 꼭 써야만 이자 할인을 받을 수 있다고 대출 상담사는 이야기했다. 신용 카드를 없애며 고객 센터에 알아보니 체크 카드로 써도 이자 할인이 똑같았다. 많은 사람이 이런 사실을 모르고 신용 카드를 사용한다. 집 담보 대출 때문에 없애고 싶은데 신용 카드를 쓰는 분이 있다면 은행 고객 센터에 알아보길 권한다. 이렇게 우리 부부는 책을 읽은 후 드디어 신용 카드를 모두 탈회하게 됐다.

빚을 없애라는 말은 귀에 딱지가 앉을 정도로 들었다. 신용 카드로 쓴 돈은 자산이 아니라 최악의 빚이다. 내 월급이 카드사에 저당 잡힌 것이나 다름없다. 신용 카드를 해지가 아닌 탈회해야 하는 이유는 해지를 하면 카드사에서 5년에서 10년까지 개인 정보를 보관한다. 반면 탈회를 하면 카드사에서 1개월 내로 정보를 삭제한다. 개인 정보가 유출될까 봐 불안하다면 카드 고객 센터에 해지가 아니라 탈회하겠다고 해야 한다.

신용 카드가 없으면 불안해진다. 비상금이 없어서다. 비상금이 있으면 불안할 이유가 없다. 급한 일이 생겼을 때는 신용 카드 대신 비상금으로 대처하면 된다. 그동안 카드를 탈회하고 싶어도 할부가 많아 없애지 못했던 나는 가장 먼저 카드 빚부터 갚기로 했다. 저축에도 전략이 필요하듯이 카드 빚 갚기에도 전략이 필요했다. 나는 다행히 두 개의 적금을 납입하고 있었다. 마지막 적금을 해약해 카드 빚부터 갚았다. 방법은 그것뿐이었다. 그리고 남은 돈으로 비상금을 만들었다.

신용 카드를 없애기 전까지는 소비를 하면 행복 지수가 올라간다고 착각하며 살았다. 필요하지도 않은 물건을 현금이 아닌 카드로 무의식적으로 샀다. 소비를 부추기는 신용 카드의 함정에 빠져서 살면서도 결제와 함께 고통을 후불로 미뤘다. 이제는 무분별한 소비의 주범이었던 신용 카드와 굿바이했다. 대신 체크 카드에 교통카드 기능을 만들고, 생활비 체크 카드부터 경조사 체크 카드까지 만들어 신용 카드 없이 생활하기 시작했다.

카드를 탈회한 다음 달은 잊을 수가 없다. 카드 대금을 내는 날이 다가와도 내야 할 돈이 없기에 얼마나 홀가분하던지 그 기분을 이루 말할 수가 없었다. 이후 카드값이라고 생각하고 매달 50만 원씩 적금을 들었다. 한 달 평균 100만 원 이상 나오던 카드값이 안 나오니 가계부 쓸 맛도 나고 돈을 모으는 재미도 생겼다. 신용 카드가 없으면 불안할까 봐 걱정했지만, 신용 카드가 없어도 나에게는 아무 일도 일어나지 않았다.

신용 카드를 없앤 후 비로소 돈 모으기가 시작됐다. 신용 카드값만큼 저축하기다. 두세 개의 통장에 나누어 저축하면 부득이한 일이 생겨도 한 개의 통장만 해지하면 된다. 절약 노트도 만들었다. 사고 싶은 것, 먹고 싶은 것을 사지 않는 그 금액을 노트에 대신 적는 용도다. 그렇게 얼마를 아꼈는지 눈으로 확인해 보는 것도 좋았다. 또 모든 통장에 체크 카드를 만들어 카드에 이름을 붙여 크게 써 놨다. 식비 카드에는 매직으로 '식비'라고 크게 썼다. 잡동사니 소비는 카드 사용의 주범으로 빠지지 않기에 핸드폰의 쇼핑 앱을 모두 지웠다. 당연히 앱과 연계된 카드도 지웠다.

나는 '돈을 못 쓰는 게 아니라 안 쓰는 중'이라고 심리를 통제한다. 오늘의 과소비로 남편의 은퇴가 미루어지니까 말이다. 이렇게 우리 부부는 50대에 비로소 부자가 되기로 했다. 5년 후 남편의 은퇴 전까지 부자가 되는 것을 목표로 우선 종잣돈을 모으기 위해 29년간 분신과도 같았던 신용 카드 4개를 모두 해지하고 현금으로만 살기 시작했다. 일주일에 7만 원으로 생활비를 책정하고 이때부터 매일 적금으로 저축을 시작했다.

50대에 도전해서 부자 되는 법

큰돈을 벌기 위한 때를 준비한다

고정 지출 비용과 비상금까지 생활비를 책정하는 방법

나는 돈에 휘둘리지 않는 삶을 택했다. 그래서 가장 먼저 한 일은 통장 쪼개기다. 통장마다 역할을 주는 것이다. 크게 세 가지로, 돈을 불리는 통장과 소비하는 통장, 그리고 행복 지킴이 통장이다. 나는 통장을 8개로 나눴다. 남편의 월급과 나의 부수입이 월급 통장에 입금되면 식비 40만 원을 남겨 두고 각각 역할을 준 통장에 분배한다. 예전에는 매번 돈 관리나 가계부 쓰기에 실패했다. 그 이유가 기록에만 집중하고 예산이나 결산을 따로 하지 않았기 때문이다.

절약하기로 마음먹은 후에는 한 달 예산을 책정해 통장마다 나눠 넣었다.

예산은 중요하다. 예산을 정했으면 각각 이름을 붙인 통장마다 지출되는 금액을 정한다. 월급날 통장에서 바로 이체하면 된다. 월급 통장에 남겨 둔 식비는 매주 월요일이 오면 식비 통장으로 7만 원씩 자동 이체되도록 설정했다. 7만 원만 입금되도록 말이다. 체크 카드는 필수다. 식비 통장의 돈으로만 식재료를 사야 하니 꼭 예산 안에서만 사용했다.

1) 돈을 불리는 통장

적금 통장과 투자 통장으로, 종잣돈을 모으고 불리는 역할이다. 적금은 목표 액수를 정해 매달 80만 원씩 저축했다. 저축으로만 부자가 될 수 없기에 투자 통장이 필요했다. 투자 통장에는 주식, 부동산, 금, 달러, 펀드에 투자하기 위해 돈을 모아 놓는다. 여기에도 미국 배당주에 투자할 40만 원을 포함해 매달 80만 원을 넣었다.

자본주의 사회에 사는 우리에게는 투자가 필수다. 지금은 저축만으로 부자가 될 수 없는 시대라 나는 부동산, 미국 배당주, 주가 지수를 따라 움직이는 인덱스 펀드에 투자하고 있다. 인덱스 펀드는 변화하는 시장에 투자하라는 전망서들을 읽고 환경, 사회, 지배 구조를 뜻하는 ESG와 떠오르는 메타버스 ETF에 투자했다. 펀드에는 자동 이체를 걸지 않는다. 주가 지수 변동이라 내려갈 때 매수하고 매수금의 10%가 오르면 매도 버튼을 누른다. 특히 코로나19 이후 경제 트렌드가 달라졌다. 경제 읽어 주는 남자 김광석 교수는 "경제를 모르고 투자하는 것은 눈을 감고 운전하는 것과 같다"라고 이야기한다. 나 또한 수많은 경제 경영서를 읽고 경제를 보는 시선이 달라져서 저축도 중요하지만 투자를 꼭 해야겠다는 생각이 들었다.

2) 소비 통장

고정 지출 비용이 나가는 역할로 식비 통장, 생활비 통장, 경조사 통장이 여기에 해당한다. 식비 통장에는 일주일에 7만 원이 이체되는데, 우리 가족이 이 돈으로 먹고사는 방법은 뒤에서 설명하겠다. 생활비 통장은 식비 외에 실생활에 필요한 물건을 사는 돈을 넣어 둔다. 생필품과 도서 구매비, 병원비, 교통비, 관리비가 포함된다. 나의 경우 지출 항목 중에서 식비와 생활비를 가장 줄이기가 쉬웠다. 마지막으로 사람 도리를 하는 데 필요한 경조사 통장이 꼭 있어야 한다. 경조사 통장은 집안의 모든 행사를 책임진다. 가족의 생일, 어버이날, 명절 등 목돈이 필요할 때마다 경조사 통장이 요긴하게 쓰인다. 매달 20만 원씩 넣어 두면 좋다.

3) 행복 지킴이 통장

비상금 통장과 공돈 통장이다. 비상금 통장은 신용 카드가 없다면 반드시 필요하다. 나의 경우 300만 원을 넣어 놓고 비상시에 쓰고 있다. 자동차 수리, 가전 기기 에이에스 등에 들어가는 비용은 예측할 수도 피할 수도 없다. 급한 일에 대처할 수 있는 비상금은 어느 가정에서나 꼭 필요하다.

마지막으로 내가 가장 좋아하는 공돈 통장이다. 말 그대로 공돈으로만 모으는 통장이다. 공돈은 앱테크나 쿠폰 판매 및 네이버 애드포스트로 생긴 수입을 넣어 놓는다. 중고 거래로 물건을 판매해서 얻은 수익도 공돈 통장에 입금한다. 그럼 가족과 외식할 때, 지인에게 한턱낼 때, 생활비가 모자랄 때도 요긴하게 쓰인다. 애드포스트 수입은 네이버 페이로 받아서 현금화할 수 있다. 네이버 페이는 현금과도 같다. 사용되는 제휴 매장이 많고 온라인 장보기도 가능하다. 이것도 뒤에서 자세히 이야기하겠다.

이렇게 각각 역할을 부여한 통장을 잘 사용하는 중이다. 나는 부자가 되기로 결심한 동시에 돈 걱정을 덜고 싶었다. 그러려면 수입은 늘리고 지출을 줄여야 했는데 벌이가 적었으므로 지출을 줄이기로 했다. 그래서 가계부를 기록하는 데만 의미를 두지 않았다. 가계부를 쓰기 전 나의 소비 습관부터 파악했다. 자신의 월급을 대부분을 식비로 쓰는 사람이 있고, 의류와 신발에 우선으로 쓰는 사람도 있다. 건강식품에 쓰는 사람도 있다. 내 경우는 식비였다. 나는 유독 먹을 것에 돈을 아끼지 않았다. 외식도 서슴없이 하며 펑펑 썼다.

우리 부부는 신용 카드를 없애고 가계부를 쓰는 것이 익숙해졌을

50대에 도전해서 부자 되는 법

무렵 예산을 짜서 주말마다, 월말마다 결산을 했다. 결산은 예산에서 금액이 벗어났는지 확인하는 시간이다. 이렇게 가계부를 쓴 후식비가 반으로 줄었다. 한 달에 한 번 들어오는 월급에는 우리의 노후 자금도 포함돼 있다. 그런데 적은 수입에서 저축할 돈을 빼는 건쉽지 않은 일이었다. 결국 버는 돈의 액수보다 어떻게 돈을 관리하느냐가 중요했다. 가계부를 쓰기가 귀찮기도 했지만, 가계부를 쓰면서 소비 습관이 바뀌었다. 나는 가계부를 작성하는 이유를 찾고나서 비로소 돈의 주인이 되어 통장 잔고를 배부르게 불려 나가게됐다.

저축에도 전략이 필요할 때, 공동 적금과 공동 통장

저축에도 전략이 필요하다. 나는 은행에서 이벤트를 할 때마다적금 통장을 만들었다. 아이스크림 쿠폰을 주거나 포인트를 주는경우였다. 그런데 적금 통장을 여러 개나 만들었어도 만기로 찾은적이 없다. 자녀 교육비에 생활이 쪼들릴 때마다 해약하곤 했기 때문이다. 아이들이 어릴 때도 적금을 들었지만, 돈 모으는 재미를 느끼지는 못했다. 저축의 목표가 없으니 흐지부지하다 매번 중도에포기한 것이다. 아파트를 분양받은 후 살던 집의 전세 자금 대출금을 갚고자 시작한 적금도 해약하고 말았다. 항상 시작은 잘한다. 귀가 얇아 은행원의 말에 매번 혹한다. 그런데 시작하기보다 꾸준키가 어려웠다. 항상 써야 할 일이 생겼다.

1) 공동 적금

나는 적금을 깨지 않는 방법을 찾았다. 바로 공동 적금이다. 사위가 예비 사위였을 때 나에게 자기가 들어 둔 적금을 맡긴 적이 있다. 31개월 만기 5%의 높은 이율로 새마을금고에서 특판 적금이 나왔다. 내 이름으로 계좌 두 개를 만들어 하나는 내가, 하나는 사위가 매달 52만 원씩 적금을 넣었다. 1년쯤 지나, 나는 또 돈을 쓸 일이 생겨 적금을 해지했다. 인터넷 통장으로 만들어서 금고에 가지 않아도 쉽게 해지할 수 있었다. 반면 꾸준히 납입한 사위는 31개월 만기를 채우고 목돈이 생겼다. 장모에게 맡긴 사위는 아무리 돈이 필요해도 해지할 수 없기에 강제적으로 적금을 유지할 수 있었다.

그다음에는 새마을금고에서 1년 만기 4.5% 이율의 특판 적금을 들었다. 대신 딸 부부와 25만 원씩 공동으로 납입하는 적금 통장으로 만들었다. 그러니 함부로 해지할 수가 없어서 만기를 채울 수 있었다. 공동 적금의 만기는 우리 가족에게 기쁨을 안겨 줬다.

이때부터 저축에 재미를 들이기 시작했다. 강제성이 있는 공동 적금의 묘미에 친구들과도 공동으로 매달 25만 원씩 넣고 1년을 만기로 나누어 갖는다. 1월에 들어 12월에 찾는 방법으로 매년 연말에 목돈이 생긴다. 공동 적금은 아무리 급해도 내 마음대로 찾아 쓸 수 없기에 1년을 꼬박 묵힌다. 공동 적금은 1년이 좋다. 1년 만기 가족 공동 적금도 개설했다. 세 군데에서 나오는 돈을 한곳에 모으는 중이다. 딸 부부가 50만 원, 우리 부부가 50만 원, 아들이 25만 원씩이다. 가족 모두가 저축 습관도 기르고 목돈도 챙기는 훌륭한 저축 방법이다. 다만 공동 적금은 가족이나 친구라도 마음이 맞아야 가능하다.

저축에 재미를 들인 후 목표 액수를 정했다. 목표 액수를 정하면 한 달에 얼마씩 저축해야 할지 금액이 나온다. 나는 매일 납입하는 적금을 개설해 매일 월급 통장에서 3만 원, 공돈 통장에서 2,000원을 적금 통장으로 이체해 한 달에 100만 원씩 저축했다. 달력에는 날마다 3만 원과 2,000원을 써 놓고 입금할 때마다 날짜를 지워 갔다. 그랬더니 하루하루 지날 때마다 히죽히죽 웃음이 나왔다. 문득 소비 욕구가 생길 때는 오늘 날짜를 지울 수 없다는 생각에 참을 수밖에 없다. 저축과 투자를 병행하며 내 자산이 늘어 갔다.

2) 공동 통장

가족 외식 통장을 들어 본 적이 있는가? 가족 다섯 명이 외식하려면 비용이 부담스럽다. 부부가 간단하게 외식할 때는 공돈 통장을 이용하지만 다섯 식구가 외식할 때는 매달 한 명당 2만 원씩 저축하는 가족 외식 통장을 이용한다. 그럼 10만 원으로 매달 말일에 가게

부를 결산하는 날 맛있는 음식을 먹는 재미가 있다.

우리 부부는 매달 주택 자금 대출금을 100만 원씩 갚아야 했기에 더 이상의 저축은 불가능했다. 나는 이렇게 목돈이 생기면 투자 통장으로 옮겼다. 자본주의에서는 적금을 오롯이 투자금을 위해서 모아야 한다고 말한다. 그래서 적금 만기 후에도 이율이 낮은 예금은 하지 않고 투자한다. 이 방법으로 모은 1,000만 원의 작은 종잣돈이 나에게는 큰 힘이 됐다. 1,000만 원을 모았을 때가 2020년 5월이었다. 10개월 만에 1,000만 원을 모을 수가 있었다.

50대에 도전해서 부자 되는 법

현명한 소비로
새는 돈을 막는다

서럽지 않고 좀스럽지 않게
식비 절약하기

과연 일주일에 7만 원으로 4인 가족이 먹고살 수 있을까? 있다. 사람들은 어떻게 그렇게 살 수 있느냐고 묻는다. 처음에는 쉽지 않았다. 음식을 매일 만들어 먹으면 좋지만, 점점 물가가 올라 7만 원으로는 힘들다. 나는 식재료를 냉동하는 방법으로 한 달에 40만 원 정도의 식비를 줄일 수가 있었다. 블로그에 '일주일을 7만 원으로 살기'에 대한 글을 올렸더니 이후 비밀 댓글로 냉동할 수 있는 재료는 무엇인지, 재료를 어떤 방법으로 냉동하는지 궁금해하는 분들에게 문의가 많이 왔다. 그래서 내가 아는 지식을 블로그에 기록하며 공유하기 시작했다. 그러다 한 블로그 이웃이 혼자는 잘 안되니 새벽 기상 모임처럼 일주일에 7만 원 살기 모임을 해 보면 어떻겠느냐고 제안했다.

생각해 보니 다 같이하면 힘도 나고 식비 줄이는 비결과 매일 해 먹는 반찬들을 공유할 수 있어 좋겠다 싶어서 블로그로 함께할 사람들을 모았다. 내가 비용을 받으면 서로 불편해질 수 있기에 무료로 진행했다. 다섯 명이 모여서 단체 메신저 방을 만들어 인사를 나누고 각자의 가계부부터 공개했다. 우리는 반찬과 아이들의 간식 요리법을 공유하고 매주 가계부 인증도 하며 지출 없는 날이 많아지도록 서로 격려하면서 끈끈해졌다.

어떻게 7만 원으로 일주일을 사는지 그 비법을 공개해 보겠다. 일단 일주일 생활비 7만 원을 체크 카드에 넣는다. 여기서 중요한 점은 한 달을 5주로 계산한 35만 원을 한꺼번에 식비 카드에 넣지 않는다는 것이다. 1주 치 금액만 넣어 놔야 긴장하며 살기 때문이다. 일주일에 7만 원만 쓸 수 있기에 장을 어디에서 볼지부터 메뉴까지 미리 정해 놓아야 돈이 모자라지 않는다. 어쩌면 하루 외식비로 끝날 수도 있는 이 돈으로 우리는 쌀, 생선, 고기도 사야 한다. 가족의 생일이나 집에 손님이 오는 등의 변수가 생길 수도 있는데, 그런 때를 대비해 매달 월급에서 10만 원에서 20만 원 정도를 비상금 체크

50대에 도전해서 부자 되는 법

카드로 빼 놓아야 한다. 그래야만 그다음 주 식비를 헐지 않을 수 있다. 정리하면 이렇다.

1) 월급이 들어온 날 고정비를 각각의 통장에 전부 이체한다. 아마 쥐꼬리보다 조금 더 많은 돈이 남을 것이다. 이 돈이 나의 월급이라고 생각하고 월급 통장에 남겨 놓는다. 식비 7만 원은 체크 카드에 일주일마다 입금되도록 자동 이체를 걸어 둔다.

2) 한 달에 5주, 7만 원씩 총 35만 원이 식비다. 한 달 식비를 한꺼번에 넣었더니 보름 만에 식비를 다 쓰는 경우가 생긴다. 그러므로 일주일씩 5주로 나누어 체크 카드에 입금한다. 체크 카드에 '식비'라고 써 놓고 철저히 지킨다.

3) 절약한다고 외식 한 번 못한다면 서럽다. 한 달에 5만 원에서 10만 원씩 '가족 외식비'라고 명칭을 붙여 돈을 모아 보자. 가족 모두가 풍족해진다. 외식할 때 식비에서 지출하지 않으니 얼마나 다행인가.

4인 가족이 일주일에 7만 원으로
풍족하게 먹고사는 노하우

시작하기에 앞서 냉장고부터 정리하자. 옷장을 정리할 때 옷을 전부 꺼내야 하듯이 냉동실부터 냉장실까지 안에 든 것을 전부 꺼낸다. 이왕 식재료를 다 꺼낸 김에 냉장고를 깨끗하게 닦아 주자.

먼저 냉동실이다. 고기나 생선이 있다면 첫 주는 행복하게 보낼 수 있다. 냉동실의 재료들도 6개월이 넘으면 상할 수 있으니 오래된 것들은 버려야 한다. 냉동 재료로는 썰어 놓은 파를 추천한다. 어묵도 통째로 얼리지 말고 썰어서 소분해 얼려 놓으면 김치찌개나 어묵조림, 떡볶이 등에 잘 쓰인다. 고춧가루나 새우젓은 냉동해도 얼지 않는다. 국과 탕, 볶음 종류도 냉동하기에 좋다. 다음은 냉장실이다. 사 놓은 재료들이 시들어 가고 있을 것이다. 채소들을 꺼내 보고 시들어 가는 것 먼저 반찬으로 만들어 놓는다.

장은 월요일과 금요일, 일주일에 두 번을 본다. 월요일은 반찬을 하는 날로 밑반찬을 만들고 국을 두세 가지 끓여 냉동해 둔다. 목요일 저녁까지 국을 번갈아 가며 먹고 금요일에 주말까지 먹을 장을 본다. 주말에는 특별식이다. '우리 집이 맛집이다'라는 생각으로 외식으로 먹는 요리를 하면 된다. 나는 햄버그스테이크, 목살 스테이크 같은 고기 반찬을 주로 하는데 돼지고기, 소고기 다짐육으로 만들기에 1~2만 원 선에서 가능하다. 또 매달 마지막 5주 차는 넉넉하게 보낼 수 있는 것이 일주일 7만 원 살기의 팁이다. 다음 달 첫 주의 식비가 입금되기에 식비가 두 번 입금되는 셈이다. 이럴 때 쌀이나 고기같이 상대적으로 가격이 높은 식료품을 사 두면 좋다.

시가나 친정에서 음식을 주면 "감사합니다" 하고 냉큼 받아 와야 한다. 멸치 볶음도 만들어 놓았다가 먹을 때 김과 함께 주먹밥으로

50대에 도전해서 부자 되는 법

만들면 영양가 있는 한 끼 밥이 된다. 김밥도 재료를 다 갖추어 만들지 않아도 된다. 맛살에 머스타드, 마요네즈를 섞어 매운 어묵조림과 함께 김에 싸서 먹으면 간편하면서도 맛있다.

무는 3분의 1은 소고기뭇국에 넣고, 3분의 1은 어묵탕용 무로 썰어서 냉동 팩에 얼려 두고, 나머지 3분의 1은 무생채를 해서 달걀부침과 비벼 먹으면 훌륭하다. 또한 간편한 음식 중 최고라고 할 수 있는 볶음밥 재료도 냉동해 보자. 흔히들 채소는 냉동하면 안 되는 줄 알지만 그렇지 않다. 스팸 볶음밥의 재료는 스팸, 당근, 호박, 양파만 있으면 된다. 네 가지를 잘게 썰어 1~2인분씩 덜어 냉동용 비닐 팩에 넣는다. 같은 재료에 스팸을 빼고 새우를 넣으면 새우볶음밥, 간장 불고기를 넣으면 불고기 볶음밥, 참치를 넣으면 참치볶음밥, 채소와 볶은 밥에 달걀만 씌우면 오므라이스가 된다. 집에 있는 채소를 모두 이용해 보자.

불고기는 고기만 재서 냉동하는 방법과 채소까지 다 넣어서 냉동하는 방법이 있다. 정작 먹을 때 채소가 집에 없을 수도 있기에 나는 채소까지 다 넣는 방법을 택했다. 나물은 삶아서 물과 함께 냉동하면 수분이 날아가지 않는다. 두부도 물에 넣어 냉동할 수 있다. 생선도 한 마리씩 포장해 보관하고, 돈가스도 개별 포장해 얼린다. 마트에 가면 가끔 닭을 두 마리 묶어서 싸게 판매하는 때도 있다. 이럴 때 닭을 사서 통째로 냉동해 두었다가 닭볶음탕이나 삼계탕을 해 먹는다.

나는 이런 방법으로 1년이 넘도록 일주일의 식비 7만 원을 잘 지켜 낼 수 있었다. 무엇이 달라졌을까? 식비가 줄어든 건 물론이거니와 요리하는 시간도 줄었다. 바쁘게 주방에서 온종일 있지 않아도, 적은 돈으로도 풍성한 한 끼 밥상을 차릴 수 있게 됐다. 또한 집밥으로 가족의 건강을 지키고 있다. 일주일을 7만 원으로 산다는 것이 처음에는 불편하고 어렵지만, 적응되면 절약도 되고 새는 돈을 막아서 좋다. 많은 시행착오 끝에 나는 하루에 1만 원으로 알뜰하게 풍성한 밥상을 차릴 수 있게 됐다.

코로나19 이후 우리의 삶이 달라졌다. 마음 놓고 밖에 나가지도 못하고 외식도 어려우니 삼시 세끼 집밥을 차려야 하는 주부들은 항상 밥상 메뉴가 걱정이다. 7만 원이 일주일 치 식비로 쓰기에는 부족하다고 생각할 수 있지만 조금만 신경을 쓴다면 충분히 건강하고 풍족한 밥상을 차릴 수 있는 돈이다. 그리고 이 방법의 최고의 노하우는 식재료 냉동이다. 물가도 많이 오르고 경제도 어렵다. 가정경제가 마이너스가되지 않도록 식비부터 잡아 보자.

50대에 도전해서 부자 되는 법

나는 내 주변
다섯 명의 평균이다

부자가 된 모든 사람이
바꾼 세 가지

부자가 되려면 세 가지를 바꾸라는 말이 있다. 바로 시간 사용, 사는 곳, 만나는 사람이다. 나도 부자가 되겠다고 선명하게 꿈꾸면서 이 세 가지를 모두 바꾸기로 마음먹었다. 우선 가장 먼저 할 수 있었던 것은 시간을 다르게 쓰는 것이었다. 그래서 새벽 4시에 일어나는 새벽 기상을 실천했다. 그리고 성공한 사람들의 책을 읽었다. 그들의 생각이 궁금해서다. 성공담을 읽을 때마다 나도 열정이 끓어오른다. 또한 만나는 사람을 달리했다. 책을 읽으니 성공한 이들을 만나고 싶다는 생각이 들었다. 그래서 오프라인 모임이 가능할 때는 사인도 받고 성공의 기운도 얻을 수 있기에 저자 강연을 찾아다녔다. 배우고 싶었다. 운이 좋은 사람을 만나면 나도 운이 좋아지고, 행복한 사람을 만나면 나도 행복해질 것이라는 마음이 들었다. 강의장을 다니며 공부하면서 자기 계발을 하는 사람들을 만났다. 나와 생각의 결이 같은 사람들과 만나니 대화가 잘 통했고 평소에 갖고 있던 궁금증도 풀 수 있었다. 공부도 같이하니 재미있었다. 이렇듯 책과 강의를 통해서 좋은 사람들과의 만남이 생겨났다.

부자들도 배움이 먼저였다. 나도 주도적인 삶을 살고 싶어서 배워야 한다는 마음으로 강의를 들으러 다녔다. 나이가 많아 못 따라간다는 말을 들을까 봐 항상 최선을 다했다. 나는 맨 앞자리에서 강의를 들으며 필기하고 후기도 1등으로 써서 강의마다 MVP가 되어 강사와 대화할 기회가 생겼다. 솔직한 성격 덕분인지, 나이 덕분인지 강사들과 연락할 정도로 친해지는 계기를 만들었다. 마음으로 멘토라고 정하는 순간 그분들을 나의 사람으로 만들었다. 꾸준한 연락과 안부 인사로 멘토와 만남의 기회를 얻으며 내가 어려워하는 점이나 잘 모르는 점도 물어볼 수 있었다. 이것은 큰 행운이다. 내게는 부자마녀라는 평생 함께할 멘토가 생겼다. 안부 전화를 하는 것은 물론 만나서 밥 먹는 사이가 됐다.

창업 멘토링 강의를 수강할 때다. 과제 중 '고수 만나기' 미션과

'거절당하기 미션'이 있었다. 고수 만나기는 이메일로 성공한 사람에게 들이대야 했다. 유명한 작가에게 뵙고 싶다고 정성스럽게 메일을 써서 만남을 요청했다. 거절은 제대로 배우지 못했기에 거절당할 용기가 필요했다. 사실 거절당할까 봐 두려워서 메일을 보내고 싶지 않았다. 내가 메일로 만남을 요청한 작가님은 지금은 바쁜 시기라 만남이 어렵다고 정중하게 답변을 줬다. 그래서 바로 거절당하기 과제물로 대체한 기억이 난다. 그러나 사람의 인연은 신기하다. 1년 후 내가 속해 있는 온라인 자기 계발 프로그램인 '나인해빗'에서 그 작가님이 글쓰기 정규 강의를 진행했다. 이후 새벽 기상을 주제로 작가님과 부자마녀 님을 포함해 8명이 공저로 책을 쓰는데 나도 합류하게 됐다.

나이와 상관없이
친구들을 만드는 방법

강의를 들으며 프로젝트를 참여할 때면 조장이나 팀장을 뽑을 때 자발적으로 손을 든다. 강사님은 물론 많은 사람과 친해질 수 있는 계기가 된다. 조장이 되면 조원들을 챙겨야 하는 등 신경을 써야 할 일이 많다. 하지만 좋은 인맥을 만나려면 적극적이어야 한다. 인맥을 쌓는 방법은 내가 먼저 다가가는 것이다. 그럼 나이 차이를 떠나서 좋은 사람들과 인연이 생긴다.

부동산 강의 듣고 만난 분과는 부동산 임장을 가기도 했다. 초보자를 위한 부동산 강의 듣고 고수를 만나러 대구까지 간 적도 있다. 거리는 문제가 되지 않았다. 나보다 성공한 사람이면 멘토라고 불렀다. 성공한 사람들에게는 공통점이 있다. 본인이 관심 있는 분야를 깊이 공부했다는 것이다. 열정과 집중, 그리고 추진력이 눈에 띈다. 두려움을 없애고 자기 자신을 밀어붙인다. 고수에게 배울 점은 내게 적용하고 있다. 이렇게 좋은 사람들을 만날 때마다 꿈이 늘어난다. 이제는 내가 먼저 좋은 사람이 되어 남에게 베푸는 삶을 살고 싶어졌다. 부동산 소장님과도 친분을 쌓는다. 부동산 거래를 할 때 아는 소장님이 있으면 좋기에 거래했던 소장님은 물론이고 만나서 믿음이 간 소장님과도 연락한다. 궁금한 점을 물어볼 때는 쿠폰을 이용한다. 커피나 빵 교환 쿠폰을 선물로 보내 드리고 내 편으로 만든다.

사람들과의 만남에 내가 기운을 얻기도 한다. 멀리 김포에서 나를 만나러 온 30대 중반 두 아이의 엄마는 글쓰기와 자기 계발 프로젝트에서 만나 여러 번 연락한 사이였다. 그녀는 새벽 기상 등 어떤 자기 계발 프로젝트에서든 뭐든지 열심히 임하는 스타일이다. 부산에 사는 40대 중반의 주부도 있다. 식비 절약 모임 5기부터 지금까지 함께하고 있다. 나에게 팬이라고 말해 주는 고마운 그녀는 부산에서 서울까지 부동산 강의를 듣기 위해 새벽에 올라오는 열정을 가졌다. 또 나이는 비슷하지만 나를 멘토라고 불러 주는 50대 초반

50대에 도전해서 부자 되는 법

의 분도 있다. 자기 계발 모임에서 만나 함께 부자를 꿈꾸고 있다.

　나와 목표가 같은 사람들을 만나니 긍정적인 기운을 받는다. 생각의 결이 같은 사람들과 교류하고 함께 강의를 들으며 성장하고 있다. 만나는 사람을 달리하니 포기하지 않고 계속 성장하는 삶을 살게 됐다. 내가 만나는 사람은 자기 계발을 열심히 하는 것은 물론 행복한 미소로 긍정적인 기운을 전파하는 사람들이다. 이런 인맥은 스스로가 만드는 것이다. 도전하는 사람들과 함께 있으면 나 또한 도전하는 사람이 된다. 누구를 만날 것인지는 나의 선택이다.

사는 대로 생각하지 않고 생각하는 대로 산다

하루 세 번 성공이 주어지는
집중 루틴

시간 관리를 마지막 습관으로 넣은 이유는 앞서 내가 실천한 8가지 습관을 체계적으로 정리하기 위해서다. 하루를 멋지게 살아 내려면 시간 관리가 필수다.

하루 24시간, 누구에게나 주어지는 소중한 시간에 '오늘은 뭐 하지?' 같은 말이 나오지 않도록 플래너에 일과를 써 보는 것은 좋은 방법이다. 나는 부자가 되기로 마음을 먹은 후 돈을 모으기 위해 절약 가계부도 쓰고 시간 가계부도 쓴다. 시간 가계부란, 연간 목표를 세우고 한 달, 일주일 단위로 계획을 짜서 나의 목표를 위해 매일 시간을 기록하고 관리하는 곳이다. 먼저 24시간의 시간을 쪼개 내가 집중해서 쓸 수 있는 시간을 찾아내야 한다. 누구나 자기만의 집중할 수 있는 시간이 있다. 내 경우는 새벽 시간이 그렇다. 그리고 초등학생처럼 하루 일과표를 작성했다. 설령 계획을 지키지 못하더라도 기록해 두었다는 것만으로 의미가 크다. 특히 2020년 2월 초부터는 내가 인생에서 가장 치열하게 살았기에 매일을 기록해서 훗날 이날들을 기억할 것이다. 내가 시간 관리하는 방법을 안내한다. 하루의 루틴 시간은 직장인처럼 '일한다'고 생각하고 9시간으로 정해 3시간씩 나누었다.

루틴 1) 새벽 4시 ~ 아침 7시 (3시간)

새벽 4시에 기상해 아침 7시까지, 집중할 수 있는 3시간이 주어진다. 4시부터 시작하는 나의 하루는 가장 먼저 일어나 창문을 열고 인증 사진을 찍는 것으로 시작한다. 잠이 바로 깨지 않는 겨울에는 창문을 열면 찬 바람이 불어 정신이 확 든다.

이 시간에는 급하고 중요한 일을 먼저 한다. 가장 먼저 플래너에 일과를 적는다. 중요한 일에는 형광펜으로 표시한다. 형광펜으로 구분 지은 3시간은 집중 시간이다. 이때 나는 무슨 일이 있어도 책을 읽고 글을 쓰고 경제 기사를 본다. 처음 새벽 기상을 할 때는 독서부터 했다면 지금은 글쓰기를 먼저 한다. 새벽 시간 글쓰기의 힘을 알기 때문이다. 글을 한 장 쓰고 나면 두어 시간이 지난다. 스트레칭하고 책을 편다. 졸음이 밀려오지만, 양치하고 정신을 차려 읽다 보면 어느새 1시간이 지나 있다.

새벽 4시부터 아침 7시까지 만나는 3시간은 나의 하루를 27시간으로 만드는 마법 같은 시간이다.

쉬는 시간) 아침 7시 ~ 아침 9시 (2시간)

아침 7시부터 9시까지는 식사와 휴식을 하는 시간이다. 아침을 먹고 산책이나 운동을 하러 공원으로 나간다. 좀 더 일찍 나가고 싶지만, 새벽에 글을 쓰는 것이 집중이 잘되기에 운동은 이 시간에 나간다.

루틴 2) 아침 9시 ~ 낮 12시 (3시간)

두 번째 루틴을 한다. 이때는 급하지 않지만 중요한 일을 한다. 산책이나 운동 후 집으로 돌아와 새벽에 졸린 눈으로 읽었던 책을 다시 읽어 본다. 상쾌한 공기를 마시고 와서인지 책이 술술 읽힌다. 이외에 일대일 줌 코칭을 하거나 블로그 포스팅을 한다.

이 시간 또한 형광펜으로 중요함을 강조한다. 나는 형광펜 색으로 해야 할 일을 나눈다. 글쓰기나 독서를 하는 첫 번째 루틴은 분홍색으로, 강의를 듣거나 공부를 하는 두 번째 루틴은 주황색으로 표시한다.

_____ 50대에 도전해서 부자 되는 법

쉬는 시간) 낮 12시 ~ 오후 2시 (2시간)

낮 12시부터 오후 2시는 쉬는 시간이다. 블로그에 글을 올리고 나면 점심시간이 다가온다. 밥을 먹고 커피도 마시고 난 후 낮잠을 자기도 한다.

루틴 3) 오후 2시 ~ 오후 5시 (3시간)

또다시 집중 시간이므로 형광펜으로 표시한다. 이때는 새벽에 하지 못한 중요한 일을 하거나 운동을 한다. 운동을 할 때는 유튜브를 틀어 놓고 신나는 노래가 나오면 흥얼거리기도 하고 몸을 흔들기도 한다. 이제 인터넷으로 부동산 강의를 들을 차례다. 준비하는 자만이 성공할 수 있다. 1시간의 강의를 듣고 나면 5시가 되어 간다.

벌써 저녁을 준비할 시간이다. 일을 쉬는 기간이기에 남편이 오기 전 저녁밥을 준비한다. 식단은 정해진 식비 안에서 알뜰하게 차린다. 맛있게 먹는 남편을 보면 내 밥상 차림에 괜스레 흐뭇해진다. 남편은 말수가 많지 않지만, 가끔 저녁을 먹으며 회사에서 있었던 이야기를 하곤 한다. 그런 날은 내 요리가 맛있다는 뜻이다.

자율 루틴) 오후 5시 이후

저녁 식사 후 뒷마무리를 하고 나면 내 시간이 돌아온다. 자율 루틴 시간이다. 이 시간에는 잠시 텔레비전을 보기도 하지만 1시간 정도만 보고 끄는 편이다. 텔레비전을 계속 보다 보면 시간을 허투루 쓰는 것 같아서 아깝다. 하루 계획표를 짜서 생활하기 때문에 쓸데없이 시간을 보내는 날이면 후회가 된다. 가끔은 열심히 참여하는 인터넷 카페에서 댓글 놀이도 한다. 내 글을 올리기도 하고, 서로 피드백도 해 준다. 블로그에서는 진심이 담긴 소통이 중요하다는 생각이 든다. 내 글의 댓글에는 항상 열심히 댓글을 달아 준다. 실시간 강의와 밀린 강의를 듣기도 한다.

남편은 저녁 식사 후 책을 읽거나 영어 공부를 한다. 남편도 텔레비전을 즐겨 보지 않는다. 우리 부부는 프로 야구를 좋아하지만, 시즌이 아닐 때는 저녁 시간에 각자 할 일을 한다. 그리고 새벽 4시에 일어나기 위해 10시쯤에는 자려고 노력한다. 책을 읽고 감명받은 글들을 필사로 기록해 두고 짧게 일기를 쓴다. 지금은 부자가 되는 데 집중하고 있는 시기라 하루 계획표를 짜서 낭비되는 시간이 없도록 살려고 노력하는 중이다.

시간 기록은 하루를 되돌아보는 귀중한 습관이다. 책을 읽을 시간도 정해 주면 좋다. 뇌에 늘 같은 시간에 책을 읽는다고 인지시켜 놓으면 좋다. 방해하는 소리도 없는 새벽 시간에는 집중이 잘된다. 커피 한 잔 타서 책을 읽어 보자. 책을 읽다 보면 글을 쓰고 싶어진다. 일기를 쓰듯 끄적거리는 것도 좋은 방법이니 해 보자. 50대라고 드라마에 빠져 자기 계발을 소홀히 한다면 60대, 70대에도 재미없

50대에 도전해서 부자 되는 법

이 반복되는 삶을 살게 될 게 뻔하다. 아주 가끔 독서를 못 할 때도 있고 때론 너무 졸려 루틴에 집중하지 못할 때도 있지만 거의 지키고 있다. 목표를 정했기에 앞만 보고 달린다.

나의 하루는 이렇게 저물어 간다. 이렇게 시간을 관리한 후 버려지는 시간이 줄었다. 식단을 짜 놓듯이 할 일을 미리 배분해 놓고 시간 계획에 맞춰 규칙적으로 생활하고 있다. 가끔 변수가 생겨서 루틴을 실천하지 못할 때는 스트레스를 받지 않고 다음 날 조금 더 하면 된다는 생각으로 마음 편히 잠을 잔다. 오늘의 쉼은 내일 또다시 시작할 힘이 되기 때문이다.

3장

습관을
소득으로
연결하기

일하지 않고도 버는 생활비 200만 원

간단한 클릭 한 번, 돈 쓰며 돈 버는 '앱테크'

숨 쉬듯 짬짬이 적립하는 공돈

'앱테크'란 스마트폰 앱이나 이메일을 사용하여 돈을 버는 새로운 재테크 풍조를 일컫는 말이다. 앱테크는 공돈을 모을 수 있는 소소하면서 쏠쏠한 파이프라인이다. 나는 앱테크를 시작한 지 4년 정도가 됐다. 처음 앱테크를 접했을 때 신세계였다. '월급쟁이 재테크 연구 카페'에 가입해 절약하는 사람들이 쓴 앱테크에 관한 글을 수시로 읽으며 많은 정보를 알게 됐다. 이곳에서는 앱테크 정보 외에도 월급쟁이들의 절약 노하우, 1억 원을 모으는 방법, 부동산 매수 경험담 등 성공적인 재테크 노하우까지 얻을 수 있다. 금리 높은 순서의 금융 정보도 알 수 있다. 앱테크는 여러 가지 유형이 있다.

1) 설문 조사 유형

내가 주로 하는 앱테크는 설문 조사형이다. 대표적으로 엠브레인, 한국리서치, 패널나우, 패널퀸, 오베이 등에서 할 수 있다. 스마트폰이나 이메일로 설문지를 확인할 수 있다. 다양한 주제에 참여할 수 있고 200원에서 3,000원 정도까지의 보상을 포인트나 현금으로 받게 된다. 처음이라면 스마트폰에 앱을 내려받자. 회원 가입을 하면 설문 조사가 휴대 전화나 이메일로 온다. 우편 설문지는 신청하면 선정돼야 받을 수 있다. 집으로 설문지가 오면 설문 조사를 한 후 다시 우편으로 보내면 되니 방법이 어렵지 않다. 열심히 참여하면 하루에 몇 개씩도 가능해서 쏠쏠하게 공돈을 모을 수 있다.

보상금은 한 달에 한 번씩 통장으로 입금된다. 나는 한 달에 10만 원 정도 공돈이 생긴다. 잘하는 사람은 더 많이 받기도 한다.

2) 좌담회 유형

좌담회에 가서 제품이나 서비스를 직접 체험한 후 설문 조사에 응하는 방법이다. 좌담회도 우편 설문지와 마찬가지로 신청 후 선정돼야 참여할 수 있다. 좌담회의 종류는 먹거리나 음료 시식과 시음이 있고, 화장품이나 시제품 사용 등이 있다.

중소기업에서 박람회를 열어 많은 인원이 설문 조사를 하기도 한다. 나는 6시간 동안 하는 좌담회에 참여하고 보상금을 2만 원부터 10만 원 정도까지 받은 경험이 있다. 팬데믹 이후 좌담회는 많이 줄어들었다.

설문 조사를 처음 시작할 때는 1,000원을 모으기도 쉽지 않았다. '하루에 100원씩 꾸준히 하자'는 마음으로 한다면 돈이 된다.

3) 포인트 적립 유형

네이버에서 영수증을 인증하고 적립금을 받는 방법, 출석 체크를 하거나 퀴즈를 풀고 포인트를 쌓아 현금화하는 방법도 있다. 은행 앱이나 백화점 앱 등에 매일 출석 도장을 찍으면 포인트를 준다. OK캐쉬백, L포인트, H포인트, 신한페이판, 하나멤버스 리브 메이트 등이 있다.

포인트는 현금화가 가능해 물건을 구매할 수 있다. 네이버페이로 전환되기도 한다. 네이버페이는 현금이나 마찬가지다. 나는 네이버페이를 편의점, 카페, 온라인 장보기 등에서 다양하게 쓰고 있다. 예를 들어서 빵을 살 때 '요기요'라는 배달 앱 내에서 쿠폰이 있는 베이커리 매장을 이용하면 반값이다. 그럼 1만 원어치를 구입하고 5,000원을 내면 된다. 공돈으로 모은 네이버페이로 지급하면 내 돈은 하나도 들이지 않고 빵을 먹을 수 있어 자주 애용한다. 또한 하나로마트나 홈플러스 등 온라인 마트 앱에서 4만 원 이상 장을 보고 네이버페이로 결제하면 배송을 무료로 이용할 수 있다.

4) 활동 리워드 유형

걸을 때마다 캐시가 지급되는 리워드형도 있다. 토스 만보기나 캐시워크는 1만 보 걷기로 목표를 달성할 때마다 현금화할 수 있는 포인트를 준다. 나는 친구, 남편과 함께 걷고 토스 머니를 챙긴다. 출퇴근을 이용해 걷거나 운동 삼아 걷는 사람에게 좋다. 걸을 때마다 생기는 현금이나 포인트는 제휴 매장에서 이용할 수 있다.

5) 추천인 적립 유형

추천인을 통해 가입하면 적립금을 주는 업체도 있다. '마켓컬리'는 온라인에서 장보기를 할 수 있는 앱이다. 가입 후 첫 구매 시에는 100원으로 살 수 있는 상품도 있다. 여기에 추천인 아이디를 등록하면 서로에게 도움이 된다. '프레시지'라는 반찬과 밀키트 판매 업체도 신규 가입자가 1회에 한해 100원으로 물품을 살 수 있는 '100원 딜'이 있다. 상품을 100원으로 살 수 있는 온라인 마켓에서는 온 가족의 아이디를 동원한다. 추천인 입력 시 포인트를 준다. 추천인 적립은 설문 조사 앱에도 있다. 앱 내에서 가끔 퀴즈를 풀고 당첨되면 쿠폰이나 상품권을 주는 업체도 있다. 커피 쿠폰이 가장 많이 온다.

이렇게 앱테크로 모은 돈은 공돈 통장에 모아 두었다. 내 경우 공돈 통장에 한 달 평균 30만 원 정도가 입금되고 있다. 나는 퀴즈를 풀 때 남편에게도 포인트를 쌓게 한다. 같이 풀면 당첨될 확률도 두 배, 쌓이는 포인트도 두 배라 남편도 동참해 준다. 이렇게 모은 돈은 외식하거나 누군가에게 기분 좋게 쓸 때 아주 요긴하다.

앱테크는 자투리 시간을 이용하는 것이 좋다. 나는 엘리베이터를 기다리는 시간이나 졸린 시간에 주로 했다. 직장인이라면 출퇴근 시간을 이용하면 좋다. 소소하게 생기는 공돈이라 오랜 시간을 투자하면 힘이 든다. 앱테크 시 주의할 점도 있다. 특히 리워드 앱은 회사가 사라지는 일이 있거나 개인 정보와 위치를 제3자에게 공개해야 할 가능성도 있으니 믿을 만한 곳에서 신중하게 해야 한다. 그러나 단점보다는 장점이 많은 앱테크를 활용해 쏠쏠한 공돈을 벌 수 있다.

무자본으로 창업하는 방법 '블로그'

누구나 차근차근하면 CEO가 될 수 있는 시대

무자본 창업이라고 아는가? 블로그는 무자본으로 창업을 할 수 있는 플랫폼이다. 즉 창업 비용이 들지 않는다. 블로그는 사람들을 모집해 지식을 나누는 소통 창구로 이용할 수도 있다. 블로그 이웃은 내 콘텐츠의 잠재 고객이다. 그래서 이웃과 소통하기에 좋은 콘텐츠를 만들어 블로거로 활동하는 사람이 많다. 내가 운영하는 뚝딱 절약 식비 방인 절약 모임이나 독서 모임, 새벽 기상 모임, 전자책 쓰기 모임, 엄마표 영어 공부 모임 등도 많은 사람이 블로그로 함께할 사람들을 모집해 활동하고 있다.

블로그를 꾸준히 하다 보면 블로그로 돈을 버는 방법을 알 수 있다. 블로그의 장점은 무자본으로 창업하고 온라인 마케팅도 하기 좋다는 것이다. 인스타그램도 있지만, 인스타그램은 사진 중심이기에 사진을 정말 예쁘거나 독특하게 찍어야 살아남는다. 블로그를 성공시키고 싶다면 일관된 주제의 게시글을 꾸준히 쓰는 것이 중요하다. 예를 들어 '집밥'이 키워드라면 나만의 레시피, 장 보는 방법, 일주일 식단 짜는 방법 등을 게시물로 올리는 식이다.

블로그에 게시글을 꾸준히 써 왔다면 콘텐츠 마케팅을 하기에 적합하다. 블로그에서 물건을 공동 구매하여 판매하는 사람도 있다. 판매 방법들이 크게 다르지 않기에 이웃과 제대로 소통한 사람과 그렇지 않은 사람의 매출 금액이 차이가 난다. 블로그에는 비밀 댓글을 달 수 있는 기능이 있어 소통하기에 편리하니 꼭 활용해 볼 것을 추천한다. 이렇게 블로그로 우리는 CEO가 될 수 있으며 1인 기업가도 될 수 있다.

블로그에 한 달 이상 꾸준히 글을 쓰고 네이버에서 광고를 달아주는 애드포스트를 신청해 보자. 신청 조건은 블로그에 50일 이상 꾸준히 사진과 함께 게시글을 올리는 것이다. 사진은 인터넷에 떠도는 이미지를 그대로 가져오면 안 된다. 본인이 찍은 사진을 사용하는 것이 가장 좋다. 신청 조건을 만족한 다음 애드포스트 신청란에 동의하고 가입한 후 회원 인증 절차를 거쳐 네이버의 승인을 기다리면 된다. 승인이 완료되면 블로그 게시물에 광고를 달 수 있으며 누군가가 광고를 클릭할 때마다 나에게 수익이 발생한다. 블로그를 시작한 지 얼마 안 된 사람들에게 적은 돈이지만 수익을 낼 수 있는 가장 빠른 방법이다.

나도 블로그로 수익 내기 시작한 건 애드포스트를 통해서였다. 2020년 5월 말부터 블로그에 글을 쓰기 시작했고, 그해 7월 초에 애드포스트가 승인됐다. 첫날 수입은 140원이었다. 적은 금액임에도 신기했다. 1년이 지난 지금은 애드포스트로 매달 치킨 3마리 가격이 입금되고 있다. 이 또한 현금이나 네이버페이로 받는다. 블로그 이웃 중에는 200만 원 이상 수입을 올리는 사람도 있다.

나는 블로그를 시작하고 수익을 창출할 수 있는 방법을 찾았다. 그 결과 '뚝딱 절약 식비'라는 콘텐츠를 만들어 12개월째 블로그에서 운영 중이고 현재 12기와 함께하고 있다. 매달 블로그를 통해 식비 절약 모임을 모집하는데 빠르게 마감된다. 일주일 7만 원 살기 모임을 신청하고 싶으나 한 달간 하기에는 자신이 없어 신청을 못 하는 분들을 위해 일주일을 7만 원으로 사는 노하우를 하루 특강으로 열어 50명에게 강의도 했다.

블로그로 수익을 내는 또 다른 방법은 블로그의 게시글을 모아 책을 출판하는 것이다. 출판하면 블로그로 강연 요청이 오기도 하고, 글을 잘 쓰는 사람은 블로그에 올리는 글을 통해 원고 청탁도 받는다. 이렇게 매일 글을 쓰다 보면 놀라운 기적이 일어난다.

이처럼 블로그는 자기의 재능으로 지식 창업을 할 수 있는 곳이다. 딸아이도 블로그를 시작했다. 좋은 물건은 상품 리뷰도 하고 일상을 적기도 한다. 본인이 하는 유튜브의 링크도 올리며 재미있게 블로그를 운영하고 있다.

나는 블로그 체험단을 하면 원고를 써서 돈을 벌 수 있다는 말에 솔깃했다. 그래서 블로그를 왜 해야 하는지, 블로그의 수익화에 대해 집중적으로 강의를 듣고 실천해 보겠다는 강한 의지가 생겼다. 블로그를 잘 운영하고 싶어 특강도 들어 보았다. 블로그에서는 어떻게 써야 좋은 글인지를 배우고 사진 올리는 법, 동영상 찍는 법, 블로그를 함으로써 발생하는 수익들에 대해 상세하게 공부했다. 이 또한 나이가 많다고 못 할 것은 없다. 인터넷과 디지털 사용이 어렵지만, 차근히 해 나갈 예정이다.

누구나 돈이 되는
콘텐츠를 갖고 있다

블로그로 인해 나의 삶이 달라졌다. 만약 블로그를 시작하지 않았다면 지금의 내 삶은 없었을 것이다. 블로그를 시작하게 된 이야기를 조금 더 해 보려 한다. 멘토인 부자마녀 님이 다꿈스쿨에서 가계부 특강을 하게 됐다. 축하해 줄 겸 특강을 들은 날 다꿈스쿨의 청울림 대표님과 점심을 같이 먹을 기회가 생겼다. 함께 점심을 먹으며 나눈 대화 주제가 블로그였다. 블로그를 안 하는 내게는 생소한 이야기라 낯설었는데 청울림 선생님은 내 표정을 읽으셨는지 블로그를 시작해 볼 것을 제안했다. 컴퓨터가 어려웠던 터라 시작이 두려웠지만 도전해 보기로 했다. 네이버에 메일 주소가 있는 사람들은 블로그가 이미 만들어져 있다.

처음에는 무슨 글을 써야 하는지를 몰라 다른 사람들의 블로그를 탐색했다. 다들 저마다의 특화된 콘텐츠가 있음을 발견했고, 나는 어떤 콘텐츠를 만들어 낼 수 있을지 고민하기 시작했다. 29년 차의 주부이기에 요리가 가장 자신이 있었다. 부자가 되기로 다짐한 후부터 일주일을 7만 원으로 살았기에 나의 식단과 밥상 사진을 찍고 글을 써 봤다. 하루에 한 번 매일 블로그에 글을 올렸다.

7만 원으로 어떻게 일주일을 사는지 궁금해하는 사람들이 내 블로그에 댓글을 남기기 시작했다. 비법을 알려 달라는 댓글이 가장 많았다. 그래서 나는 블로그에 7만 원으로 일주일에 두 번 장 보는 요령부터 식단 짜는 방법, 야채를 소분해 냉동하는 법 등을 하나하나 상세하게 기록하기 시작했다. 이렇게 블로그를 꾸준히 하다 보니 한두 가지 주제를 정해 게시글을 꾸준히 올리는 게 블로그를 가장 활성화하는 방법이라는 것을 알 수 있었다.

50대에 도전해서 부자 되는 법

블로그가 처음이라면 무엇부터 시작해야 할지 막막할 것이다. 나 역시 그랬다. 막상 글을 쓰려고 보면 쓸거리가 없다. 블로그의 콘셉트를 정하고 글을 쓰는 것이 어려우면 자신이 가장 좋아하는 것, 내가 가장 잘하는 것이 무엇인지 생각해 보고 취미를 접목해 글을 쓸 수 있다. 예를 들어 맛집을 찾아다니며 먹는 걸 좋아하면 맛집에 대해 포스팅을 하면 된다. 글쓰기나 독서를 좋아한다면 도서 리뷰를 꾸준히 하면 된다. 그래도 콘텐츠 찾는 게 어렵다면 처음에는 일기 형식으로 써 보는 것도 하나의 방법이다.

이렇게 블로그를 쓰다 보면 글솜씨도 좋아지고 나에게 맞는 콘텐츠도 찾게 된다. 간혹 똑같은 콘텐츠가 여러 블로그에 그대로 게시돼 있는 경우가 너무나 많다. 이런 것은 바람직하지 않다. 단순히 정보를 퍼 나르는 블로그를 만들지 말고 자기만의 특색 있는 블로그를 만드는 것이 좋다. 모든 사람의 생각이 똑같지 않기에 자기만이 할 수 있는 이야기를 하면 된다.

블로그 글을 더 쉽고 빠르게 쓰는 방법은 요일과 시간을 정해서 포스팅을 하는 것이다. 늘 같은 시간에 블로그에 글을 올리다 보면 내 글을 기다리는 이웃이 생긴다. 또한 주제를 정하고 그 주제에 관한 이야기만 쓰자. 막상 글을 쓰려고 하면 글감이 생각나지 않을 때가 많으니 평소에 무언가가 떠오를 때마다 휴대 전화에 메모하는 습관을 갖는 것도 좋다. 글을 쓴다는 생각은 버리고 일과를 기록한다고 생각하면 글쓰기가 더 재미있어진다.

블로그 이웃을 늘리고
더 많은 사람에게 노출되기

블로그를 만들자마자 내 글이 검색창에 바로 노출되지는 않는다. 우선 검색을 허용한 글이 사람들에게 노출되며, 글 작성 후 포털 사이트에 노출되기까지는 3일 정도의 시간이 소요되기도 한다. 검색량이 많은 키워드를 넣어 글을 써야 내 글이 사람들에게 검색 결과로 보여질 확률이 높다. 나의 경우에는 주로 '집밥'을 키워드로 글을 쓰는데, 누군가 네이버 검색창에 '집밥'을 검색했다면 나의 블로그 글이 검색되기도 한다. 글을 1,500자 이상 키워드에 맞춰 정성스럽게 쓸 때 검색이 되기 쉽다. 사진을 넣고 싶다면 가로 방향으로 찍는 것이 좋고 동영상도 첨부하면 검색이 더 잘된다.

블로그 노출의 핵심은 키워드다. 글에 핵심 키워드 외에 서브 키워드도 태그해서 넣어야 한다. '집밥'이라는 핵심 키워드를 제목에 넣고 시작했다면 글의 중간이나 맨 끝에 서브 키워드를 태그해 넣어 보자. '#맛있는 밥상', '#맛있는 요리' 식으로 말이다.

블로그에는 블로그 지수라는 것이 있다. 블로그에 글만 올린다고 지수가 올라가지 않는다. 사람들이 내 글에 체류하는 시간이 길어지고, 일일 방문자 수와 조회 수가 다른 날보다 많아졌다면 내 글이 남들에게 좋은 정보를 주어 검색이 되고 있다는 뜻이다. 또 재미있거나 유용한 정보의 글을 썼을 때 검색자의 체류 시간이 길어진다. 내 게시물에서 사람들의 체류 시간이 길어지게 하려면 블로그 이웃

50대에 도전해서 부자 되는 법

들과 제대로 소통해야 한다. '서로 이웃'을 맺어 상대방의 글을 읽어 주고 댓글도 달아 주면 좋다.

블로그는 지속해서 글을 쓰고 관리를 해 줘야 검색과 노출이 된다. 블로그는 글만 잘 쓴다고 사람들이 많이 유입되는 것은 아니다. 내 블로그를 봐 주는 이들인 이웃의 수도 중요하다. 이웃은 내 블로그의 잠재 고객이기에 빠르게 늘리는 게 중요하다. 내가 좋아하는 주제가 다른 사람들에게 인기 주제가 아니라면 블로그에 유입되는 이웃 수가 적을 수도 있다.

블로그 이웃 수는 어떻게 늘려야 할까? 5,000명까지는 서로 이웃이 가능하다. 서로 이웃을 하려면 이웃 추가를 할 때 서로 이웃 맺기에 체크하면 된다. 이웃은 하루에 100명까지 추가할 수 있다. 나와 비슷한 관심사를 가진 이웃을 추가해야 이웃도 내 글을 읽을 확률이 높다. 이웃의 수가 5,000명이 넘어가면 더는 이웃 추가를 할 수 없다. 상대방이 나를 이웃 추가를 해 줘야만 하기에 글의 퀄리티를 높이지 않으면 이웃을 늘리는 데 어려움이 있다. 키워드 검색으로도 이웃 수가 증가할 수 있으니 알찬 콘텐츠를 만들어 보자.

글만 잘 써도 기업에서 원고를 작성해 달라고 요청이 오거나 블로그 체험단으로 활동해 달라는 제안이 온다. 원고 요청은 블로그 작가가 기업의 블로그를 대행해서 글을 쓰는 것을 말한다. 건당으로 수당을 받는다. 나는 기회가 없어 아직 기업 원고 작성은 해 본

적이 없다.

블로그 체험단은 체험단 사이트에 회원 가입해 신청하면 된다. 사이트 1위는 '레뷰'다. 체험단 사이트에서 리뷰를 하고 싶은 제품을 골라 신청하면 된다. 좋은 제품을 협찬받을 수 있기에 그만큼 경쟁률도 높다. 선정되려면 이웃 수는 많을수록 좋다. 블로그 이웃 수가 너무 적으면 채택되지 않는다. 나도 체험단을 신청해 식당에서 초밥과 제약 회사에서 영양제를 협찬받았다. 외식을 협찬받으면 가족들이 좋아한다. 사진은 음식이 나오는 대로 찍어 맛있게 먹고 블로그에 정성껏 리뷰하면 된다. 눈 영양제는 집으로 배송을 받았다. 사용 후기를 블로그에 자세히 남기면 된다.

경험을 돈으로 바꾸는 '콘텐츠 사업'

인풋만 하는 초보자에서 아웃풋 하는 고수로

"내가 선택할 수 있는 것은 나의 태도다."

창업 멘토링 강의에서 들은 말이다. 이 말을 듣는 순간 강한 울림이 왔다. 잠시 나를 되돌아봤다.

'지금 나의 태도는 어떠한가? 새벽 기상과 독서, 그리고 수업료를 내 가며 배웠던 강의를 통해 나는 얼마나 성장했는가?'

인풋만 하는 내 심장에서 쿵 소리가 들렸다. 그 순간 내 안에서 저지르기 유전자가 또다시 꿈틀대고 있음을 느꼈다.

"처음부터 고수는 없다. 가르치다 보면 고수가 된다."

이 말이 생각나 블로그에 모집 글을 올렸다. 제일 자신 있는 콘텐츠인 '일주일에 7만 원 식비가 가능해?'를 함께할 분들을 모집했다. 콘텐츠 이름은 '뚝딱 절약 식비'다. 하루 단돈 1만 원으로 풍성한 집밥을 차리는 노하우를 알려 드린다는 글에 빠르게 20명이 신청하며 마감됐다. 나도 일주일에 7만 원의 식비가 모자랄 때도 있었다. 하지만 대부분 성공했기에 자신 있게 세상에 드러내도 되겠다는 생각이 들었다.

'일주일 7만 원 살기'는 이런 분들에게 추천하고 싶다.

재료를 오래 보관하는 방법이 궁금한 분
가계부를 꾸준히 쓰기가 어려운 분
냉파(일명 냉장고 파먹기)를 잘하고 싶은 분
적은 식비로 실속 있게 밥상을 차리고 싶은 분
외식비를 많이 지출해서 절약이 힘든 분

'뚝딱 절약 식비 일주일 7만 원 살기' 1기 모임은 첫날 걱정과 설렘 속에서 많은 분의 응원에 힘입어 출발했다. 블로그로 모집했기에 이미 나를 아는 분도 있었지만, 새로운 분들이 많이 신청해 줬다.

21명의 회원과 메신저에서 인사를 나눈 후 한 달간의 계획을 세우고 냉장고 정리에 관해서 이야기했다. 나는 회원들에게 냉장고 정리 방법과 냉동할 수 있는 식재료에 대한 나의 경험 및 노하우를 설명한 후 바로 가계부 쓰기와 그날의 밥상 사진 인증을 진행했다.

저녁이 되자 메신저 방에는 저녁 밥상 사진과 장본 사진들이 올라오기 시작했다. 회원의 수만큼 결과물의 모습은 다양했다. 가계부가 없어 연습장에 쓰는 분도 있었고, 이미 가계부를 잘 쓰는 분도 있었다. 냉파를 한 분이나 마트에서 늦은 시간 30% 타임 세일을 노려 알뜰하게 장을 봐 온 분도 있었다. 그리고 마트에만 가면 이것저것 습관적으로 사 오는데 잘 참아서 뿌듯하다는 분도 있었다. 모두에게 굳은 의지로 알뜰하게 살아 보려고 노력한 흔적이 보였다. 그렇지만 7만 원 살기 프로젝트를 시작하면서 가장 크게 변화한 사람은 다름 아닌 나였다. 그동안은 혼자서 하니 느슨해질 때도 많았는데 식비 모임 회원들과 함께하니 나 역시 도움을 받았다.

절약 밥상 프로젝트 4일째가 되자 하나둘씩 무지출을 실천하는 분들이 생겨났다. 절약 밥상 사진들을 단체 메신저에서 인증하며 서로에게 피드백과 칭찬도 해 주고 엄지척도 해 줬다. 식비 절약 모임을 시작한 지 1주 차, 모두 절약하고자 하는 의지가 대단해서 성공한 사람이 꽤 많았다. 어떤 분은 일주일에 식비 7만 원을 초과했지만, 식비가 평소보다 많이 줄었다고 했다. 식비가 절약되니 가계부를 쓰는 게 신난다고 하며 가계부를 인증한 사진들을 보여 주기도 했다. 나는 회원들에게 매일 한 가지씩 요리 레시피를 알려 드렸다. 가성비 좋은 재료로 맛도 좋고 영양가도 많은 요리를 한다.

"콩나물 1봉지 사서 반은 무침하고 반은 국을 끓였어요. 3일째 무지출입니다."

"오늘도 무지출 성공이에요. 남편이 피자 먹자고 했는데 진정시켰어요."

"서 여사님이 알려 주신 대로 야채는 소분해서 냉동했어요."

"냉장고에 있던 돼지 앞다리살로 난생처음 고추장 불고기를 해봤습니다. 그래서 무지출입니다."

1기 분들의 말이다. 프로젝트 모임이 끝난 후에도 절약과 무지출을 계속 시도하고 있다고 이야기해 준다. 어느 한 분은 신용 카드를 잘랐다고 해서 함께하는 힘이 크다는 걸 또 한 번 느꼈다. 1기를 시작으로 계속해서 사람들에게 내 모든 노하우를 아낌없이 알려드려야겠다는 생각이 들었다.

식비 절약을 지속적으로 성공하기 위해서는 구간 점을 짧게 잡는 것이 좋다. 한 달간의 프로젝트지만 최종 목표 지점만을 보면 멀어 보이기에 성공하기가 힘들다. 일주일 단위로 생각하면 한결 수월해진다. 모임 1기는 일주일 단위의 구간 점을 향해 달렸다.

다이어트도 혼자 하면 어렵듯이 식비 절약도 혼자서 하면 힘들다. 사람들과 같이해야 동기 부여가 되고, 응원이 있어야 더 신나서

50대에 도전해서 부자 되는 법

하게 된다. 나는 프로젝트를 통해 '함께'의 힘에 대해 느낀다. 가족에게 7만 원 살기 프로젝트를 하니 도와 달라 했다고 이야기한 분도 있었다. 내 경우도 그렇다. 혼자서 하니 바쁘다는 핑계로, 몸이 힘들다는 핑계로 흐지부지될 때가 있어 함께해 줄 사람들이 필요했는데, 역시 여럿이 함께하니 내 의지도 다잡을 수 있었고 힘이 났다.

식비 모임 1기가 지나고 2기를 시작해 보니 5인 가족도 제법 많았다. 5인 가족에게 가장 많이 받은 질문은 "7만 원으로 과일도 먹어야 하는데 어떻게 하나요?"였다. 이분들에게는 외식비를 없애고 일주일에 7만 원이 아닌 10만 원의 식비를 예산으로 잡아 보라고 말씀드렸다. 10만 원으로 하니 추가된 3만 원으로 고기와 과일도 살 수 있다며 만족스러워 하셨다. 한 달을 50만 원의 식비로 살아간다는 것도 5인 가족에게는 기적 같은 일이다.

식비 방에는 누구보다도 열심인 아버님도 있었다. 육아로 힘들어하는 아내를 위해서 삼시 세끼를 도맡아 하신다고 한다. 매일 알려드린 가성비 좋은 레시피로 요리해서 밥상에 올린 사진을 단체 메신저 방에 빠짐없이 인증하는데 놀라움 그 자체다. 열심히 임해 주는 분들 덕분에 식비 절약 모임을 하며 왠지 모를 뿌듯함이 느껴졌고 책임감도 생겼다. 식비 방에서는 단순히 레시피만 알려 드리지 않는다. 식재료를 싸게 살 수 있거나 공짜로 얻을 수 있는 팁도 공유하고 있다. 서로 좋은 정보는 공유하고 목표 설정도 함께한다. 결이 같은 사람들이 모여 있기에 함께 하는 힘이 크다는 것을 다시 한 번 느끼고 있다. 절약 식비 방은 주말도 없이 매일 인증을 한다. 주말에 돈을 쓰게 되는 유혹이 가장 많기에 특히 주말에는 쉬지 않고 대화를 이어 간다. 그래야만 지갑 단속을 하고 지출을 잡을 수 있기 때문이다.

회원 중에는 나로 인해 동기 부여가 됐다는 분들도 있었다. 식비를 줄여 가는 모습을 몸소 보여 주니 영향을 받으셨나 보다. 하긴 50대도 하는데 40대가 못할 이유가 없다. 몰라서 못하는 예는 있지만, 방법을 알고 나서도 안 할 이유는 없다. 어떤 분은 나를 완전히 따라 했다. 내가 했던 방법이다. 멘토를 정해 놓고 그대로 따라 하다 보면 멘토와 똑같지는 못해도 70%까지는 따라간다. 실행하다 보면 시행착오도 겪지만 금방 수정해 나가는 능력도 생기고, 나만의 노하우도 생긴다. 생각만으로는 부자가 될 수 없다. 행동하고 실행해야 한다. 성공한 사람 반만 따라가도 성공이다.

나의 노하우를 공유하고 버는 부수입

어느덧 무자본 창업으로 시작한 뚝딱 절약 식비 모임이 11기가 됐다. 1기부터 쭉 함께해 준 멤버도 있다. 기수가 거듭될수록 점점 체계가 잡혔다. 그동안 더 많은 노하우가 생겨 많은 분이 7만 원 살기에 성공하고 있다. 2개월째 함께하는 멤버 중에는 JTBC 뉴스 인터뷰를 촬영한 예도 있다. 서민 가계부 생존기 코너에 나의 요리 레시피, 절약 가계부 키트 소개와 함께 식비 모임이 소개되기도 했다. 또 블로그에서 7만 원 살기를 접하고 혼자 해 보는 분도 생겼다.

여전히 나는 적은 비용을 받고 콘텐츠를 운영한다. 절약하기 위해 모인 모임이기에 비싼 회비를 받지 않고 해 보려는 사람이라면 쉽게 접근할 수 있는 금액으로 모임을 운영하고 있다. 온라인으로 운영되기에 한 기수당 40여 명과 함께하고 있다. 지금은 40명이지만 앞으로는 더 많은 사람과 함께할 수 있을 것으로 기대한다. 2개의 신입 방과 기존 방 단체 메신저에 하루에 한 번씩 밥상 사진과 가계부 인증이 올라온다. 무지출이라고 쓰인 글자를 보면 나도 뿌듯함에 미소를 짓게 된다. 이렇게 콘텐츠 운영으로 100만 원의 수입이 들어오고 있다.

식비 모임 외에도 한 달에 한 번 초보자를 위한 일주일 7만 원 살기 노하우를 하루 특강으로 진행해 부수입을 번다. 절약하고 싶지만 자신이 없는 사람들을 대상으로 나만의 방법을 알려 드리고자 하루 1시간짜리 특강을 열었다. 블로그로 모집하고 줌으로 강의를 시작했다. 적은 월급으로 살아가야 한다면 가계부 쓰기와 절약은 필수다. 특강에 참여할 분들을 모집한다는 글을 블로그에 올렸더니 50명이 신청했다. 블로그라는 플랫폼에, 줌으로 하는 강의에 전국

에 계신 분들이 모였다. 1시간 30분 동안 질문까지 받으며 특강을
마무리했다. 1회 차에는 '커피 한 잔 가격 5,000원의 행복'이라는 타
이틀로 특강을 했다. 2회 때는 강의 내용을 더 보완하고 1만 원 가
격으로 강의를 했다. 이 또한 성공적으로 끝나 지금까지 매달 하루
특강을 진행하고 있다.

부업으로 하는 강의는 나만의 지식과 콘텐츠만 있다면 할 수 있
는 최고의 부수입 항목이다. 남들보다 관심이 깊고 잘하는 게 있다
면 오프라인이 아닌 온라인으로 소규모 강의를 시작해 보는 것도
좋다.

이런 프로젝트를 하면서 또 다른 수입 창출의 아이디어가 생각났
다. 뚝딱 절약 식비 방을 운영하면서 느낀 점은 식비 절약이 어려운
분에게 개인적으로 컨설팅을 해 주는 절약 연구소가 필요하다는 것
이었다. 정리 컨설턴트가 신청자의 미니멀 라이프를 위해 물건을
버리고 정리해 주듯이 나도 식비를 아끼는 방법을 컨설팅해 주는
경영자가 돼 보자는 생각이 들었다. 찾아가는 서비스로 식재료 냉
동법과 장보기 비법, 일주일 식단표를 짜서 7만 원으로 건강한 집밥
을 완성할 수 있도록 말이다. 나의 경험과 노하우로 사람들이 가성
비가 좋은 집밥을 만들어 건강을 지키고, 지출을 통제해 가정경제
를 바로 세워 삶이 윤택해지도록 도우며 선한 영향을 주는 것이다.

뚝딱 절약 식비방을 이용하는 분들의 실제 변화된 모습을 보며

보람을 느낀다. 식비 절약을 위한 네이버 카페 '뚝딱절약식비 부자 연구소'도 만들어 가성비 좋은 집밥을 널리 알리는 중이다. 인원이 점점 늘어 간다. 네이버 검색으로 들어온 분도 있고, 블로그를 통해 들어온 분도 있다. 뚝딱 절약 식비로 7만 원 살기를 통해 블로그에서 '7만 원 살기' 쓰면 '꿈꾸는 서 여사'가 검색된다. 콘텐츠로 브랜딩이 돼 가는 중이다. 이제는 1인 지식 기업을 만들어 더 많은 이에게 나의 경험을 나누어 주는 것이 꿈이다.

한 번 만들면
저절로 돈이 벌리는 '아이템'

누구나 쓰는 가계부를
나만의 방법으로 만든다면

식비 절약 모임을 하면서 아이디어가 생각났다. '나만의 가계부를 만들어야겠다'는 생각이 새벽에 떠오른 것이다. 한 장은 가계부, 그다음 한 장은 요리 레시피가 번갈아 가며 들어 있는 두 달짜리 가계부를 만들 생각에 가슴이 뛰었다. 가계부를 꾸준히 쓰는 건 쉽지 않은 일이다. 그렇기에 초보 주부가 한두 달을 꾸준히 쓸 수 있도록 다양한 팁을 넣은 가계부를 만들어 내가 하는 뚝딱 절약 식비 콘텐츠와 접목하면 좋겠다는 생각이 들었다. 아이디어와 함께 "즉시 한다"라는 말이 생각났다. 나는 노트북을 덮고 바로 가계부를 만들 궁리를 했다. 가계부에는 '우리가 왜 절약해야 하는가?'를 설명하고 나의 이야기도 넣었다. 무언가를 시작할 때 설렌다. 두 달짜리 가계부지만 최선을 다해 만들었다.

일단 종이에 칸을 나누고 어디에 어떤 내용을 넣으면 좋을지 적어 봤다. 이제 이걸 컴퓨터 문서로 만들기만 하면 된다. 엑셀을 잘하는 아들이 내가 미리 만들어 놓은 가계부 틀을 엑셀로 만들어 줬다. 너무 멋지다며 엄지척을 해 주는 아들 덕에 내 입꼬리도 올라갔다. 칭찬은 고래도 춤추게 하는 법이다.

가계부가 완성된 후 제목을 정했다. '꿈꾸는 서 여사의 요리 레시피가 있는 절약 가계부'다. 나만의 요리 레시피 노하우를 알려 주는 가계부를 만들었다. 역시 나의 저지르는 유전자가 또다시 일한다. 아이들은 이런 엄마를 보고 놀라워했고 남편도 좋은 생각이라며 맞장구를 쳐 줘서 힘이 났다.

가계부를 만들어 놓고 요리 레시피를 한글 파일에 정리했다. 그렇게 가계부를 빠르게 완성해 나갔다. 머릿속에는 아이디어가 가득한데 손가락이 느리다. 하나씩 정리하면서 29년간의 밥상 차리기 노하우가 책자로 나온다고 생각하니 괜스레 뿌듯했다. 2개월 분의 가계부라 책자에 들어간 레시피가 10개 정도 된다. 1년 치라면 어마어마한 레시피가 나오겠지. 3기 절약 식비 모임 때부터 내가 만든 가계부를 사용했다. 1, 2기와 모임을 해 보니 종이에 가계부를 적는 사람이 많았다. 가계부가 아닌 일반 종이에 기입하면 재미도 없고 오래 쓰기도 어렵다. 사람들에게 가계부 책자를 나눠 주고 2개월 정도 가계부를 함께 쓰도록 한다면 가계부 쓰는 습관이 잡힐 것이라고 생각했다.

요리 레시피 절약 가계부를 만들고 뚝딱 절약 식비 방 회원들에게 보여 드리니 요리 못 하는 사람들에게 알맞은 깔끔한 가계부라고 칭찬들을 해 주셨다. 한 달 프로젝트를 완수하는 분들에게 선물로 드리려고 가계부를 영상으로 담아 일부분만 보여 드렸는데도 반응은 놀라웠다. 4주까지 열심히 하는 분들에게 드린다고 했더니 다들 의욕이 다시 불타올랐고, 가계부를 꼭 받고 싶다고 했다.

"서 여사님, 저에게 딱 맞는 가계부예요. 열심히 해서 꼭 받고 싶어요."

"저도 받고 싶어요. 가계부 양식이 깔끔하네요."

"꼭 받을래요. 서 여사님."

가계부 몇 권을 먼저 제본해서 고마운 분들에게 선물로 드렸다. 멘토들에게 연락을 드리니 다들 놀라워하고 좋아하셨다. 연락 후 왠지 모를 찡한 감정이 밀려왔다. 지금은 판매용이 아니지만 완성된 가계부 키트를 저작권에도 등록했다. 훗날 좀 더 예쁘게 만들어 판매용으로 출판할 수도 있으니까.

아이디어를
손에 잡히도록 만들자

이름과 닉네임이 들어 있는 가계부 키트는 2021년 1월 4일 한국 저작권위원회에 등록됐다. 나의 가계부가 시중의 다른 가계부와 가장 크게 다른 점은 가계부와 요리 레시피가 번갈아 가며 들어 있다는 점이다. 하지만 뚝딱 절약 식비 방의 두 달 반짜리 가계부 키트로만 쓰이기에 저작권 등록으로 인한 수입이 없다. 가계부를 판매해야만 수입이 들어오는데, 판매를 하려면 1년짜리 가계부를 제작해야 한다. 가끔 이웃님이 가계부를 판매하는지 묻기도 하고 가계부가 탐난다며 식비 방에 들어오는 분도 있었다.

훗날 가계부 키트를 보완해 1년짜리 가계부로 만들어 판매해 볼 생각이다. 절약 가계부에는 '장보기 목록과 식단'을 적는 곳이 있다. '변동 지출' 칸에는 말 그대로 변동된 식비나 생활 용품 구입 내역을 적으면 되고, '고정 지출' 칸에는 관리비나 보험료 등 매달 나가는 고정 금액을 적으면 된다. '오늘 한 줄'에는 하루 피드백을 적으면 된다. 무지출이라면 '야호! 무지출'이라고 쓰고 돈을 안 쓴 기쁨을 누리면 된다. 주마다 결산을 해 놓으면 한 달 결산이 쉬워진다. 한 달이 지나면 다음 달 예산을 적고 지난달 결산을 하면 된다. 한 달 결산 피드백에는 칭찬과 반성을 적으며 한 달을 잘 살아온 나에게 스스로 칭찬을 하면 된다.

나의 기록들을 모으면 돈이 된다 '전자책'

매일 2장씩 꾸준히 쓴
나의 첫 번째 전자책

전자책은 컴퓨터나 휴대폰 화면으로 읽을 수 있도록 만든 전자 매체형 책으로, 읽는 사람에게도 만드는 사람에게도 장점이 많다. 전자책으로 누구나 작가가 될 수 있다. 수익을 주는 파이프라인을 찾다가 전자책에 대해 알아보게 됐다. 전자책은 누구나 쉽게 쓸 수 있다. 사진이 많이 들어가도 되고 30쪽 이상만 되면 형식에 맞는다. 자신이 판매처에 등록해야 하는 번거로움이 있지만, 요즘은 함께 전자책을 쓰는 스터디도 많으니 글쓰기를 처음 하는 분들은 전자책을 먼저 쓰는 걸 추천한다. 전자책은 만드는 비용도 적게 들어서 작가에게 주어지는 인세가 책값의 75~80% 수준이다. 전자책은 출판사를 거치지 않기에 작가 스스로 크몽, 탈잉 같은 오픈마켓에 등록하면 된다. 나도 전자책 쓰기에 도전했다. PDF 파일로 완성되는 전자책은 꽤 자유롭게 쓸 수 있었다.

지난 2020년 50대에 전자책을 쓰겠다고 스터디에 들어갔다. 블로그 이웃인 작가님이 올린 전자책을 함께 쓰자는 모집 공고에 덜컥 신청했다. 작가님과 함께 한 달 동안 전자책을 쓰고 완성하는 프로젝트다. 젊은 사람들 틈에 끼어 작가님이 내 준 하루에 2장씩 쓰라는 과제를 꾀부리지 않고 했다.

전자책에 필요한 3대 요소는 주제, 제목, 섬네일이다. 나의 주제는 역시나 가장 자신 있는 요리 레시피다. 그동안 찍어 놓은 요리 사진과 맛있는 레시피, 일주일 7만 원 살기의 노하우, 냉장고 정리법 등 다양한 정보를 전자책에 담았다. 전자책은 종이책과 달리 정보 전달이 안 되면 판매되지 않는다. 대부분 노하우를 방출해야 하며 3~4줄 정도 썼다면 빈 줄을 두어서 가독성을 높여야 한다.

크몽에 전자책을 등록하는 방법은 회원 가입을 하고 '프로필 등록/수정' 누른 후 의뢰인이 아닌 전문가 버튼을 누른다. 프로필 사진도 등록해야 한다. 얼굴 노출이 불편하다면 인물 캐릭터의 이미지를 넣으면 된다. 프로필도 완성해 주고 전문가 등록을 누른 후 크몽 서비스 등록하기를 클릭하면 된다.

제목에 '계절별 레시피로 뚝딱 집밥 차리는 노하우' 이런 식으로 노하우까지만 쓰면 '드립니다'가 자동으로 입력된다. 카테고리도 정해 주고 작업 기간 1일, 수정 횟수 0회로 설정, 포함 페이지에는 전자책의 총 페이지 수를 입력하면 된다. 목차도 입력해 주고 구매율을 높이기 위해 맛보기 자료인 상세 이미지 5장도 필수로 넣어야 한다. 내가 쓴 전자책을 미리 보여 주는 것이다. 크몽의 섬네일 사이즈는 652×488px(4:3)로 만들어야 한다. '미리 캔버스'라는 사이트에서 사이즈를 조절할 수가 있다. 크몽에 제출하고 승인을 기다리면 된다. 비승인이 나는 경우 반려 통보는 3~5일 정도 걸린다.

처음부터 승인되기는 어렵다. 반려 사유에 이유가 쓰여 있으니 요건을 충족하여 다시 재등록하면 된다. 나도 처음이라 세 번째 만에 승인이 났다. 두 번째, 세 번째 전자책은 두 번째 만에 승인이 됐다. 이렇게 나는 전자책 세 권을 출간한 저자가 됐다. 한 달 안에 완성해야 하는 전자책 쓰기 모임에서 11명의 회원 중 다섯 명이 오픈마켓으로부터 등록 승인을 받았다. 전자책 승인을 받은 나는 자신감이 상승했다. 처음에는 전자책 쓰기도 어렵게만 느껴졌는데 작가님과 한 달 도전 만에 성공한 것이다. 처음에 작가님은 내가 못 따라올 것으로 생각한 것 같다. 나의 전자책 쓰기 성공에 엄청나게 기뻐했다.

정보를 공유하고, 전자책을 쓰고
다시 사람을 모으는 순환 구조

내 전자책에는 요리 레시피도 들어 있지만, 냉파하는 방법과 음식 재료를 소분하는 방법, 냉동 가능한 식재료의 종류, 가계부를 잘 쓰는 노하우를 비롯한 여러 가지 살림 팁이 들어 있어 초보 주부들에게 유용하다. 전자책은 실질적인 도움을 줄 수 있는 콘텐츠여야 소비자가 구매한다.

3권의 전자책으로 얼마를 벌었을까? 60권 이상 판매했다. 1권당 8,000원으로 48만 원이 조금 넘는 수익이 들어왔다. 한 권씩 소소하게 판매되는 나의 소중한 파이프라인이다. 초보자는 전자책 쓰기 모임에 들어가면 수월하다. 혼자 쓰기가 어렵고 등록 방법도 까다롭기 때문이다. 내 이름으로 나온 전자책을 보면 자식을 하나 더 낳은 것처럼 소중하다. 전자책은 마음먹고 쓰면 승인받기까지 1개월이면 충분하고 한번 승인이 나면 계속 판매되기에 따로 신경 쓸 일이 없다. 전자책이 종이책과 다른 점은 구매자가 파일로 받아 볼 수 있기에 한 번 써 놓으면 오픈마켓에서 독자에게 보내 준다. 그래서 판매 즉시 인세가 입금되는 장점도 있다.

내가 쓴 전자책이 오늘도 판매됐나 보다. 새벽에 하나 주문이 들어오더니 오전에 또 하나의 주문이 들어왔다. 신나서 딸에게 전화를 걸었다.

"혜빈아, 엄마 오늘 전자책이 두 권이나 팔렸어."

"오! 엄마, 축하해. 대박 나슈!"

딸아이가 자신의 인스타그램에 홍보했다고 하는데 그래서 오전에 두 권이 팔렸나 보다. 전자책을 출간한 후에 가족은 나의 지지자가 됐다.

전자책의 내용을 토대로 식비 모임이 진행 중이다. 더 많은 레시피와 노하우 방출을 식비 모임에서 하고 있다. 전자책을 구매한 독자가 식비 모임으로 연결되기도 하고 식비 모임을 하고 싶은데 시간이 안 되는 분들은 전자책을 구매해서 보기도 한다. 이 덕분에 나의 전자책은 크몽에서 리뷰가 좋아 광고도 됐다.

지식과 노하우를 진솔하게 전달할 수 있을 때 '강의'

50대에 다시 찾은
내 평생 직업

어느 날 낮에 한 통의 전화를 받았다. 다꿈스쿨의 온라인 자기 계발 모임인 나인해빗의 회원 1,000명이 함께 하는 단체 메신저에서 톡 강의를 해 달라는 연락이었다.

"여보세요! 서 여사님 안녕하세요? 다꿈스쿨입니다. 다름이 아니라 나인해빗에서 새해 첫 톡 강의를 해 주셨으면 해서 연락을 드렸어요. 새해가 됐으니 목표 설정 방향이나 여사님이 이루신 것들에 대해서 이야기해 주시면 되겠습니다."

강의는 일주일 후였다. 처음 받아 보는 제안에 긴장이 됐지만, 메신저로 하는 강의라 준비만 잘하면 되겠구나 싶었다. 강의를 하려면 1시간 동안 이야기를 풀어낼 원고가 필요했다. 내가 왜 부자가 되려고 했는지를 시작으로 원고를 채우기 시작했다. 딸아이의 눈물로 시작했기에 자식 이야기를 꼭 쓰는데 그때마다 항상 주책맞게 심장이 조여 오며 울컥한다. 자식의 눈물이 없었더라면 나는 지금 어떤 삶을 살고 있을까? 엄마를 행동하게 해 준 딸아이에게 고마움을 느낀다.

톡 강의를 하는 날은 1월이라 눈이 펑펑 내렸다. 부자가 되기로 다짐한 지 1년이 된 때였다. 무엇을 이루었나? 1년 동안 부자가 돼 보려고 새벽잠을 포기하면서 발버둥을 치는 내가 가끔은 안쓰러웠다. 하지만 매일 졸린 눈을 비비며 책을 읽고 버텨 왔던 시간이 나에게는 훈장처럼 자랑스럽다.

톡 강의는 메신저에 글을 쓰며 이야기하는 강의다. 채팅이라 어수선하지 않을까 생각했지만, 아니었다. 메신저에서도 집중할 수 있다니 놀라웠다. 한 문장씩 담담하게 딸아이의 눈물로 인해 행동하게 된 나의 이야기로 강의를 시작했다. 왜 부자가 되려 했고, 그 꿈을 이루기 위해 실행한 이야기와 멘토들과의 만남으로 성장한 이야기를 써 내려갔다. 메신저에 나의 이야기를 담담하게 그리고 진솔하게 써 내려갔다. 톡 강의 중간중간에 울컥한다는 분도 있었고, 대단하다고 하는 분도 있었다. 1시간 20분 동안의 강의는 준비한 대로 끝이 났다. 톡 강의를 마치고 내 카톡은 불이 났다.

"정말 감사합니다. 많은 생각을 하게 되네요. 정말 대단하세요."

"그대로 이루어짐을 믿고 해 보겠습니다. 좋은 강의 감사합니다."

"우와, 감동입니다. 자신을 믿으라는 말이 이렇게 와닿는군요. 진심으로 감사합니다."

"글로써 사람을 움직인다는 게 어떤 건지 깨달았습니다. 깊은 깨달음을 주셔서 감사합니다."

"멋진 서 여사님의 울림이 있는 강의 감사합니다. 귀한 시간이었습니다."

많은 감사 인사 메시지가 와 있었고 그다음 날에는 다꿈스쿨 카페 게시판에 많은 후기가 올라왔다. 후기들을 하나씩 읽으며 내 이야기가 많은 분에게 도움이 됐다는 사실에 가슴이 벅차고 감사했다. 젊은 분이 이런 후기를 남겼다.

"늦었다고 생각할 때가 가장 빠를 때라는 말은 서 여사님을 위해 만든 말이 아닐까 싶다. 강의를 보면서 서 여사님이 마치 이렇게 말씀하는 것 같았다. '넌 아직 늦지도 않았어. 지금이 더없이 좋은 기회야. 나도 이렇게 꿈을 이루고 있잖아' 그래서 더 와 닿았다. 이분의 성공에 가장 중요한 핵심은 목표들을 널리 알리고 그 목표를 달성하기 위해 꾸준히 실천하는 것, 그리고 행동하는 것이다. 꿈꾸는 서 여사님의 자기 확언을 보며 내 목표와 각오를 한 번 더 다지게 된다. 과연 나는 이분처럼 간절한가? 절실한가? 그리고 최선을 다하고 있는가? 지금 나는 그 어떤 것을 시작하더라도 매우 빠르다는 생각이 들었다. 울림이 있는 강의 감사합니다. 지금 시작하겠습니다."

4월 말경 또다시 다꿈스쿨 청울림 대표님의 전화를 받았다.
"서 여사님, 청울림입니다. 5월 초에 다꿈에서 강의 한번 하시죠. 저를 알게 된 지 1년이 되셨죠? 그동안 많은 변화가 있었으니 나인해빗 회원들에게 이야기를 풀어 주시면 됩니다."

청울림 대표님은 나에게 나인해빗에서 2시간짜리 줌 강의를 해 보라고 제안했다. 망설이지 않고 준비해 보겠다고 했다. 갑자기 용기가 생겼다. 나의 성장 이야기가 많은 분에게 동기 부여가 됐으면 좋겠다는 생각이 들어서였다. 그날부터 강의 원고를 준비했다. 가슴이 벅차올랐다. 과거의 꿈꾸는 서 여사 이야기를 시작으로 나를 부자로 만들어 준 세 가지 키워드인 새벽 기상, 가계부, 블로그 이야기로 2시간 분량의 강의 원고를 열심히 채워 나갔다. '나의 변화'를 주제로 한 강의 내용의 세 가지 핵심 키워드는 다짐, 실행력, 꾸준함이다.
당일에 강의하는 시간이 다가올수록 점점 더 떨리기도 하고 심장이 쿵쾅거렸다. 우황청심환을 하나 먹으니 긴장이 조금 가라앉았다. 온라인 강의라 목소리가 정확히 전달되려면 방송용 마이크도

50대에 도전해서 부자 되는 법

필요했다. 인터넷에서 2만 원대에 판매하는 마이크를 구매해 사용했다. 목소리가 정확하게 전달됐다.

강의는 오후 8시에 시작됐고 실시간으로 기백 명의 인원이 들어왔다. 회원들의 얼굴을 보고 있으니 떨림과 설렘이 함께 느껴졌다. 3주를 준비했기에 실수 없이 마쳤다. 빠른 실행력으로 행동했던 이야기를 진솔하게 풀어 나갔다. 짧은 시간 동안 이루어 낸 성과에 다들 박수를 보내 줬다. 내가 항상 강조하는 말이 있다.

"성공하고 싶으신가요? 눈뜨면 매일 부자가 되겠다고 생각해 보세요. 오늘부터 바꿔야 내일이 바뀝니다. 오늘도 못 바꾸면 내일도 못 바꿉니다."

이번에도 강의가 끝나고 다꿈스쿨 게시판에 많은 후기가 올라왔고 차분한 목소리로 울림을 주었다고 많은 사람이 칭찬해 주셨다. 어느 젊은 분이 이런 후기를 남겨 줬다.

"작년에 부동산 투자를 시작했다면 너무 늦은 건가요? 50대에 블로그를 시작한다면 너무 늦은 건가요? 꿈꾸는 서 여사님은 50대에 '내 노후는 내가 책임져야겠다'고 다짐하고 모든 걸 시작했습니다. 그래서 저는 생각했습니다. 저뿐만이 아닌 강의를 들은 모든 이가 같았을 겁니다. 이분, 곧 부자 되겠구나. 서 여사님의 꿈처럼 곧 부자 되실 것 같습니다. 아니, 이미 부자이십니다. 정말 이보다 열심히 사는 분은 없습니다."

사실 매일 꾸준히 하기는 분명 쉽지 않았다. 절실하기에 가능했다고 했지만, 열정이 떨어질 때도 있었다. 그럴 때마다 나는 '왜 부자가 되려 하는가'에 집중했다. 부자가 되려는 이유에 집중하면 조금 사그라진 열정에 다시 불이 붙었다.

실업 급여를 받는 기간이 끝나자 불안감이 밀려왔다. 남편의 외벌이로 대출 원금과 이자까지 상환하기에는 살림이 빠듯했다. 나는 불안감을 뒤로한 채 생산자의 삶을 살기 위해 무던히도 애썼다. 이 과정이 끝날 때쯤의 나를 상상해 봤다. '어떤 보상으로 나를 축하해줄까' 하는 상상만으로도 행복한 미소를 짓게 된다. 뭔가를 시작했으면 의심하지 말고 계속한다는 마음으로 무엇이든지 해 나가야 한다. 글을 쓰기로 했으면 계속 쓰는 것이다. 내가 재능이 있든지 아니든지 말이다. 쓰다 보면 잘 쓰게 된다고 믿으며 포기하지 않는다. 내가 찾은 평생 직업은 글쓰기와 강의다.

다꿈스쿨 강의 후 나를 직접 찾아온 분도 있다. 나를 멘토로 삼고 싶다며 70킬로미터를 달려 내가 사는 곳까지 찾아온 30대 중반 젊은 남자분도 있었고, 50대 워킹 맘인데 나처럼 부동산 투자를 해 보고 싶다고 방법을 묻는 분도 있었다. 어떤 젊은 부부는 전세를 월세로 바꾸고 부동산 투자를 해 보고 싶다고 연락을 해 와서 조언을 드렸다.

50대에 도전해서 부자 되는 법

나는 50대에 부자 메이커가 되어 시작이 두려운 분들과 손잡고 함께 가려고 한다. 부산에서도 블로그 이웃님이나 자기 계발 모임 회원들을 직접 만나기도 했다. 점점 나에게 만남을 청하는 연락이 온다. 그분들에게 나의 이야기가 진솔하게 전해졌는지 계속 연락을 주고받고 있다.

한 달 동안 식비 절약 콘텐츠에서 나온 수입 말고도 다꿈 스쿨에서의 강의와 하루 특강 강의로 수입이 생겼다. 강의를 직접 해 보니 꽤 매력적이었다. 지식과 노하우를 남에게 전달한다는 것이 처음에는 쉽지 않았다. 코로나 시대라 생애 첫 강의가 비대면으로 진행되는 바람에 더 어려움이 많았지만, 줌도 자주 사용하다 보니 익숙해져 갔다. 주변에는 본업을 지키면서 강의도 하는 분들이 있다. 이 또한 충분히 가능한 일이다. 지식을 나누는 일이기에 내가 잘하는 게 있다면 나누면 된다.

줌이 뭐지? PPT가 뭐야?
섬네일은 어떻게 만들어?

요즘은 비대면 시대라고 강의나 모임 등도 줌을 이용하여 온라인으로 만난다. 온라인 모임을 한다는 것이 처음에는 어려웠는데 몇 번 해 보니 제법 익숙해졌다. 초대 링크만 있으면 되니 어렵지 않다. 초대 링크로 접속하면 줌으로 상대방과 이야기를 나눌 수 있는 것을 보며 세상이 좋아졌음을 느낀다. 줌에 초대받아서 모임에 참여하는 것이 익숙해진 후 이번에는 내가 회의 호스트가 되어 초대하는 방법을 아이들과 연습해 봤다. 우선 '새 회의'를 누른 후 예약해 놓고 기다리는데 시간이 지나도 아이들이 들어오질 않는다. 딸아이에게 다시 링크를 보내 달라는 연락이 왔다. 몇 번을 시도해도 안 되다가 초대 링크를 복사해서 보냈더니 드디어 성공했다.

급변하는 세상에 비록 빨리는 못 따라가지만, 열심히 노력하는 중이다. 아이들은 엄마가 새로운 걸 도전하면 신기해한다. 친구 엄마들은 아예 할 생각을 안 한다고 하니 도전하는 엄마가 신기할 수밖에. 남편에게도 줌 사용법을 알려 줬다. 나와 같은 세대인 남편도 줌을 사용해 본 적이 없어 신기해한다. 요즘은 아이들과도 줌으로 만난다. 아이들도 비대면 시대에 맞게 줌으로 만나야 하다니 신기하면서도 아쉬운 마음이 든다. 하루는 가족과 줌에서 만났다. 나는 집에서, 남편은 운동 중에, 딸도 본인 집에서, 우리는 모두 다른 장소에서 만났다. 심지어 아들은 데이트 중에 연결돼 여자 친구까지 등장했다. 우리는 신기해하며 이야기를 나누었다. 바쁜 사람은 먼저 나가면 된다. 코로나 시대가 바꿔 놓은 가족 만남이다. 직접 보는 것보다는 못하지만 아이들의 결혼 후 자주 만나기가 어려울 때는 아주 좋은 연결고리가 될 것 같다.

글쓰기를 시작하고 강의를 들으면서 점점 새로운 매체에 익숙해져 간다. 아직도 어렵고 모르는 것 천지지만, 하나씩 배우며 재미를 느낀다. 요즘은 줌으로 글쓰기 강의도 듣고 독서 모임도 하고 있다. 독서 모임에서 한 주 동안 읽은 책에 관해 이야기를 나누고 토론도 하다 보면 2시간이 훌쩍 지나간다. 오프라인 강의는 한 번 들으면 끝난다. 온라인은 두세 번도 들을 수 있다는 것이 장점이다. 팬데믹이 언제 끝날지는 모르지만 줌을 사용하는 지금은 직접 만나지 않아도 서로 볼 수 있다는 것이 너무도 신기하며 신세계에 사는 느낌이다.

강의도 비대면 시대라 줌 강의를 할 텐데 그러려면 많은 준비가 필요하다. 딸에게 PPT 강의안을 만드는 방법을 배우고, 아이들을 관중 삼아 강의 연습을 하고 있다. 연습하다 보면 생기는 돌발 상황에 당황스러운 적이 한두 번이 아니다. 아이들과 같이 살지 않기에 바로 도움을 받을 수 없어서 혼자 검색하며 알아 가고 있다. 상대방과 화면 공유를 할 때는 바탕 화면에 파일을 미리 저장해 둬야 편리하다는 걸 스스로 깨치는 중이다.

뚝딱 절약 식비 모임을 체계적으로 운영하려면 내게도 줌 계정이 필요했다. 한 달에 18달러이고 12개월 치 요금을 한꺼번에 결제하면 140달러라고 해서 1년 치를 과감히 결제했다. 절약 식비 7기부터는 줌에 모여 신입 오리엔테이션 시간을 갖는다. 시작하기 전 냉장고 정리법과 식재료 소분법을 알려드렸다. 줌에서 이야기하는 것이 메신저로 대화하는 것보다 훨씬 집중도도 좋고 참여율도 높았다. 2주 차에도 줌으로 점검 시간을 가졌다. 다들 서로 피드백도 하고 질문도 하며 성장한 모습이다. 나는 녹화본을 만들어 실시간으로 못 들어온 멤버도 볼 수 있도록 했다. 줌은 전국에 있는 분들을 온라인상에 만날 수 있도록 연결해 주는, 코로나 시대에 꼭 필요한 도구다.

"PPT가 뭐야? 왜 이렇게 어려워."

PPT 강의를 들어 봤다. 비대면 시대의 필수인 줌도 어려워하던 내가 강의를 위해 PPT를 배우는 중이다. 회사에 다녀 본 적이 없어서 PPT가 너무도 생소했다. 다꿈스쿨에서 강의 의뢰가 왔을 때 일단 구원 투수인 딸에게 연락했다. 집으로 온 딸이 하나씩 알려 주는데도 어려워서 도통 무슨 말인지 못 알아들었다.

"엄마, 이건 내가 계속 알려 주기 어려워. 따로 사니까 더 힘드네! 엄마가 하나씩 배워야 해."

"알아, 근데 PPT가 뭔지도 모르니 어디서 배워야 할지 모르겠어. 일단 오늘 엄마한테 알려 주고 가."

"알았어, 그럼 적으면서 해 보자!"

딸은 엄마를 답답해하며 하나씩 알려 줬다. 미리 써 둔 강의안의 내용을 바탕으로 하나씩 만들어 봤는데 생각보다 오랜 시간이 걸렸

50대에 도전해서 부자 되는 법

다. 사진 넣는 법과 폰트 바꾸는 법, 글자 크기 조절 방법도 배웠다. 처음이라 힘들지만, 이 또한 내가 넘어야 할 산이다. 우리 딸은 엄마한테 친절하게 알려 주지 않는다. 가끔 화가 났나 싶어 물어 보면 일부러 그런다는 것이다. 그래야만 엄마 스스로 배우려고 노력하기에 그럴 수밖에 없다고 한다. 생각해 보니 맞는 말이다. 내가 스스로 하려고 노력하기 시작한 건 딸아이 덕분이다. 아들은 모르는 것을 계속 물어봐도 다정하게 알려 주기에 배우려고 하게 되지 않는다. 서운한 생각이 들 때도 많았지만, 딸의 방법이 맞는 것 같다.

딸이 다녀간 후 다꿈스쿨의 자기 혁명 캠프를 함께 수강했던 동기가 무료 PPT 강의가 있으니 신청하라고 알려 줬다. 줌으로 하는 1시간짜리 강의였다. 열심히 들어 봤지만 들어도 모르겠다. 나처럼 완전 초보자를 위한 강의가 아니라 회사에서 쓸 수 있는 그림 도구 등을 알려 주는 강의였기 때문이다. 알아듣긴 어려웠지만, 열심히 필기해 가며 들은 결과 새로운 것을 많이 알게 됐다. 강의를 듣고 내 PPT에 적용해 봤다. 사진 기술은 더 배워야 하기에 글씨 폰트를 수정해 봤다. 미완성이지만 딸에게 줌으로 보여 줬다.

"우와 우리 엄마 대단해! 글씨를 바꿔 놓았네."

"어제 무료 강의 듣고 해 봤어. 잘했지?"

"어, 눈에 확 들어와서 좋은데? 잘했어! 최고이심."

딸의 칭찬에 어깨가 으쓱거리며 자신감이 붙었다. 줌이라는 연결고리가 있기에 같이 살지 않아도 충분히 도움이 된다. PPT는 내가 계속 배워야 할 과제다. 충분히 이해될 때까지 열심히 해야겠다. 줌 시대라고는 하지만 확실히 온라인보다는 오프라인이 뭐든 이해도 잘되고 감동도 더 온다.

책을 출간하면 강의 문의도 꽤 들어온다고 들었다. 책을 쓴 후 강의 문의가 들어 오기 전에 먼저 준비해 놓으려고 연습 중이다. 딸이 아나운서 준비를 오래 했기에 발음과 어조를 교정해 줬다. 강의 원고를 먼저 써 놓고 연습하라고 알려 줬다. 사람들 앞에서 발표하는 건 누구나 다 떨리는 법, 나만 그런 게 아니니 겁내지 않고 연습하기로 했다.

스티브 잡스도 강의 연습을 수백 번 했다고 한다. 말을 잘하는 사람들도 처음에는 다 고비가 있었다고 생각하니 안도감이 들었다. 지인이 스피치 잘하는 법 나눔 강의를 했다. 우선 심호흡법부터 배웠다. 입을 다문 상태에서 혀끝을 위 앞니 뒤와 잇몸 사이에 살짝 대고 코로 숨을 길게 들이마시라고 한다. 다음은 시선 처리인데, 강한 관심을 보이는 한두 명을 찾아 그쪽을 바라보며 발표하면 긴장 감이 줄어든다고 알려 줬다. 그리고 강의 내용은 쉽게 말해야 하며 타깃, 청중에 따라 내용도 달라져야 한다.

요즘 섬네일 만드는 법도 배우는 중이다. PPT가 여러 장의 발표

　　　　　　　　　　　　　50대에 도전해서 부자 되는 법

자료라면 섬네일은 한 장으로 압축된 이미지 자료다. 섬네일이란 단어를 인터넷에 검색해 보니 엄지손톱이라는 뜻이다. 엄지손톱 모양으로 전달하려는 내용을 강하게 압축해 보여 주는 이미지 한 장인 것이다. 블로그를 보면 예쁜 사진 한 장을 섬네일로 넣은 사람이 많기에 따라 해 봤다. 포스터처럼 크게 제목을 쓰고 한 장의 이미지로 만들어 블로그에 열심히 적용 중이다. 지금은 미리 캔버스라는 사이트를 쓰는데 우리 나이에도 이용하기가 편리하다.

미리 캔버스는 저작권 걱정이 없는 무료 사이트로 초보자가 PPT나 유튜브 섬네일을 만들기에 가장 적합한 사이트다. 나처럼 PPT나 섬네일을 만들기 어려워하는 사람이 쉽게 이용할 수 있다는 장점이 있다. 품질 좋은 디자인이 필요하다면 망고 보드를 활용하는 것이 좋다. 망고 보드에는 저작권이 있거나 요금을 내야 사용할 수 있는 것도 있고 무료로 이용할 수도 있다. 망고 보드를 무료로 이용할 때는 반드시 출처를 밝히고 이용해야 한다. 섬네일을 쉽게 만들기 좋은 무료 웹 사이트 캔바는 전자책 표지 만들기에 많이 사용된다. 내 세 권의 전자책 표지도 캔바를 이용해 만들었다.

다꿈스쿨에서 부자 강의를 하기 위해 100장이 넘는 PPT를 스스로 만들어 강의 시간에 활용했다. 강의 준비를 위해 3주 정도의 시간이 걸렸고, 특히 PPT를 만드는 과정이 오래 걸렸다. 미리 캔버스 사이트를 이용해 사진도 넣고, '요소'라는 개별 그림도 추가하고, 글자 모양과 크기도 내 맘대로 조절해 가며 만들었다.

　나는 지금껏 긍정적인 마인드로 어렵다고 포기하지 않고 어떠한 것도 할 수 있다고 당당하게 맞서 왔다. 자기 확언을 외치며 꾸준하게 연습하는 것만이 내가 할 일이다. 50대라고 '자녀가 해 주겠지' 하고 의지하지 말자. 당당히 배워 스스로 해 보자. 처음 글을 쓰려고 할 때 글자 폰트도 못 찾던 내가 지금은 스스로 글을 쓰고 섬네일도 만들어 블로그에 올리고 있다.

상품만 준비하면
도전할 수 있는 '스마트 스토어'

3년 전 딸이 했던 부업을
내가 다시 시작해 보다

스마트 스토어는 3년 전 딸아이가 먼저 시작했다. 코로나19 이전에 딸이 스마트 스토어 강의를 듣고 친구와 채널을 만들었었다. 세계 과자 할인점에서 파는 과자를 판매하는 채널이었다. 가을에 시작해서 판매 건수가 높았다. 제품이 웹 페이지 상단에 노출되기도 했다. 딸은 위탁 판매를 하지 않고 직접 상품을 사서 판매해 집안에 물건이 가득했다. 핼러윈 데이에는 호박 바구니에 소포장한 과자를 넣어 거리에서 판매하기도 했다. 가격도 저렴하고 인기가 많아 금방 팔렸다. 수능 때가 되면 초콜릿을 판매했다. 크리스마스에는 연인에게 선물할 수 있는 제품을 판매했다. 딸아이가 바쁜 날에는 내가 배송을 담당할 만큼 성과가 좋았다. 그런데 동종 상품을 파는 사람이 허위 신고를 했다. 가격을 싸게 매겨 판매하니 경쟁에 문제가 된 것이다. 과자를 소포장해 판매한 것이 잘못일 수도 있었다. 저렴하게 판매했기에 돈을 많이 번 것은 아니다. 결국 폐업 신청을 했다. 그 뒤로 스마트 스토어는 우리 기억에서 잊혀졌다.

내가 다시 스마트 스토어에 관심이 생긴 것은 이와 관련한 특강을 듣고 나서다. 관련 책도 두어 권 읽고 난 후 파이프라인을 여러 개 만들고 싶어졌다. 아이디어가 필요했다. 성공한 사람들의 돈 버는 방법을 모방했다. 파이프라인의 핵심은 노출이다. 나를 세상에 드러내고서야 판매가 수월했다. 요리 콘텐츠 하나로 프로젝트도 운영하고 전자책도 썼다. 이번에는 스마트 스토어에서 요리 관련 강의를 판매했다.

이처럼 하나의 콘텐츠를 가지고 다양하게 수익화를 할 수 있다. 파이프라인 구축이란 수입원을 다양화하는 것이다. 나는 SNS를 활성화해서 노출이 어렵지 않았다. 자신의 채널이 브랜드화됐다면 스마트 스토어를 이용해 강의나 전자책 등을 판매해 큰 수익을 일으킬 수 있다.

스마트 스토어는 쉽게 따라 할 수 있는 돈 버는 방법이다. 집에서

50대에 도전해서 부자 되는 법

부업으로 스마트 스토어를 하는 사람이 많아졌다. 요즘은 관련 도 서도 많이 나와 있기에 초보자도 쉽게 접근할 수 있다.

연 매출 40억 원의 28살 청년 사업가에게 배운 철학

스마트 스토어로 수익을 창출하겠다고 호기롭게 큰소리쳤지만 어떻게 시작해야 할지 몰라 특강을 신청했다. 강사는 28살의 청년 사업가로 스마트 스토어를 통해 3년 만에 연 매출 40억 원을 달성해 이 분야에서 유명한 사람이었다. 특강 중 나에게 크게 와닿는 말이 있었다.

"고객은 떠날 때는 10초 안에 떠나고, 혼자 떠나지 않고 70명을 데 리고 떠납니다. 한번 떠난 고객이 다시 돌아오는 데는 10년이 걸립 니다. 회사의 월급은 대표가 주는 것이 아닙니다. 고객이 주는 것입 니다."

강사는 고객이 중심인 사업을 해야 한다고 강조했다. 그 자리에 있던 모든 자영업자나 사업가도 공감하는 말이었다.

강의를 듣고 시작이 두려워 한동안 망설였던 스마트 스토어 채널 을 만들었다. 가입이 어렵지 않았고 개설하면 네이버페이와 자동 연결됐다. 멘토를 찾아가 판매할 상품을 등록했다. 누구나 창업하기 좋은 판매 채널이지만, 무엇을 판매해야 하는지 고민스러웠다. 개인 사업자를 내고 통신 판매업으로 신고했다.

첫 상품은 나의 강의를 판매했다. 프로젝트인 '식비 7만 원 살기 노하우' 하루 특강 결제를 스마트 스토어에서 결제하는 방식이다. 상품을 '여가/생활편의>생활편의>온라인 콘텐츠>기타 콘텐츠' 카테고리에 등록했다. 상품명과 할인 가격, 상품 이미지, 배송 내용 등을 상세하게 기재하고 판매하기 시작했다.

첫 주문이 들어왔다. 물건 판매가 아니라 배송은 따로 없다. 구매 고객이 결제하면 나는 날짜에 맞춰 강의했다. 다섯 분이나 신청해 줘서 첫 판매는 성공적이었다. 상품 가격에서 수수료를 제외하고 네이버페이와 연결된 내 통장으로 입금됐다. 구매자들이 첫 리뷰도 잘 써 주셨다. 블로그와 인스타 이웃들이 있기에 스마트 스토어 판매가 조금 수월했다.

두 번째 등록한 상품은 위탁 판매였다. 재고 리스크를 낮추기 위해 핫팩을 상품으로 등록했다. 겨울인데 춥지 않아서 판매가 저조했다. 물건을 팔 때는 KC 인증을 받은 제품인지 확인해야 한다. KC 인증 대상 제품 확인하는 방법은 1381 인증표준정보센터를 이용하면 된다. 제품 판매 시 반드시 확인해야 한다.

세 번째 등록한 상품은 오픈 마켓에 등록한 요리 전자책이다. 전자책을 스마트 스토어에서 판매하다니 신선했다.

이처럼 하나의 콘텐츠로 다양하게 수익화를 만들 수 있다. 다시 콘텐츠인 뚝딱 절약 식비 콘텐츠를 판매했다. 결제 방식이 쉽고 네이버페이도 활용할 수 있어서인지 신청이 들어온다. 판매되면 스토어 고객 현황을 휴대 전화에서 바로 확인할 수 있다. 어렵다고만 생각했던 스마트 스토어가 익숙해져 간다.

4장

소득을
자산으로
키우기

배신하지 않는 재테크의 기술

내가 사면 떨어지고 팔면 올랐던
세 번의 부동산 실패담

IMF에 버티지
못한 결과

결혼 생활 29년 동안 살면서 집을 이용할 기회는 여러 번 있었다. 그리고 부동산 시장에는 크게 두 번의 대세 하락기가 있었다.

1993년도 2월 초 우리 부부는 몹시 추운 날 결혼을 하고 월세로 신혼을 시작했다. 그때는 내가 작은 미술 학원을 운영했다. 둘째 아이를 가졌을 무렵 수원 영통에 신도시가 생겼는데 워낙 물량이 많아 미분양이 났다. 그때는 미분양이 뭔지도 몰랐다. 아랫집에 사는 친한 언니가 주택 공사에 가서 구경해 보자고 해 따라갔다가 미분양된 20평 아파트를 덜컥 계약하고 왔다. 당시 계약금이 540만 원이었다. 수중에 딸랑 그 돈만 있었는데 계약해 버렸다. 그때도 나는 저지르는 유전자를 갖고 있었나 보다.

1997년 11월 21일, 정부가 IMF 구제 금융 요청을 했다. 한국 IMF 외환 위기는 국가 부도의 날이라고 불릴 만큼 우리 사회와 경제에 큰 충격을 안겼다. 기업 도산과 구조 조정에 따른 대량 실업이 발생했다. 부동산 가격은 30% 이상 하락하고 종합 주가 지수는 200 선까지 떨어지며 경제가 붕괴하는 시절이었다. 환율과 금리가 폭등하면서 예금 이자는 20%나 됐다. 경제 전반이 무너지자 사상 초유의 규제 완화가 이루어졌고 부동산 규제도 풀렸다. 당시 부동산 가격은 하락이 아닌 폭락이었다. 양도세 한시 면제, 취등록세 감면 등 부동산이 더는 내려갈 곳이 없다는 느낌이 들 정도로 IMF 사건은 강렬했다.

아파트 입주 날이 다가올 때쯤 IMF 외환 위기가 온 나라를 덮쳤다. 1997년 11월에 외환 위기가 왔고, 분양받은 아파트는 12월 입주였다. 입주해야 하는데 가진 돈이 모자라 신혼부부에게 전세를 줬다. 내가 살고 있던 집의 전세가가 워낙 쌌기에 전세를 조금 더 살면서 돈을 모은 후 입주할 생각이었다. 그러나 세상은 그렇게 만만치 않았다. 외환 위기로 대출 이자가 엄청 높았다. 설상가상으로 남편이 다니는 회사에서 월급이 제대로 나오지 않았고, 내가 운영하는 학원도 원생들이 거의 다 그만두는 바람에 힘든 상황이었다. 나

50대에 도전해서 부자 되는 법

만 그런 게 아니라 온 나라가 힘들었을 때라 어찌할 도리가 없었다. 결국 나는 아파트를 분양가보다 싼 가격에 매도해야 했다. 대출 이자가 높아 견디지 못한 것이다. 외환 위기는 금방 회복되어 그 아파트 가격은 점점 오름세를 보였다. 돌이켜 생각해 보면 '조금만 더 버텨 볼걸' 하는 아쉬움이 남는다.

나에게 집을 이용할 기회가 또 한 번 왔다. 남편과 내가 어느 정도 경제적으로 안정되어 한 사람의 월급을 저축할 수 있게 됐을 때 또 한 번 아파트를 매수할 기회가 생겼다. 2001년이 되자 분양 물량이 많아져 용인 수지에 집 2채를 분양받았다. 수지 허허벌판의 아파트 분양가가 그 당시치곤 조금 비싼 편이었지만 워낙 아파트 시장이 오름세였기에 과감히 분양을 받았다. 그 당시에는 중도금 무이자에 계약금만 있으면 매수가 가능했다. 수원에 살던 나는 입주할 생각이 없었기에 프리미엄을 받고 매도를 했다. 그 아파트는 지금 성복역 초역세권으로 가격이 어마어마하게 상승해 있다.

나는 분양권을 매도한 후 그 돈으로 2005년에 분당의 20평대 아파트를 살 집으로 매수했다. 그즈음 오피스텔도 1채를 매수하여 월세를 받기 시작했다. 아이들 교육 때문이라는 핑계를 대고 살기 좋은 도시 분당 입성을 했다. '천당 아래 분당'이라는 말이 생길 정도로 분당은 1기 신도시답게 쾌적하고 살기 좋은 동네였다.

또 한 번의 대세 하락기는 2007년 여름 미국 서브프라임 모기지 사태 때였다. 서브프라임 모기지는 미국의 대출 상품으로 주택 담보 대출에서 심사에 통과하지 못하거나 신용 등급이 낮은 사람들을 위한 비우량 주택 담보 대출이다. 2007년 여름, 상환 연체율이 상승하면서 서브프라임 모기지 사태가 일어났다. 미국에서 시작된 금융 위기가 우리나라를 포함한 전 세계에 영향을 미쳤다. 금융 위기가 발생하기 전 우리나라의 부동산 가격은 최고점을 찍고 있었다. 전문가들은 2005년부터 과열된 부동산 시장은 거품이고 곧 일본처럼 버블이 무너지며 경제에 큰 영향을 미칠 거라고 예상했다. 투기 과열 지구 확대, 주택 거래 신고 지정, 양도세 강화, 종부세 시행, 보유세 강화, 대출 규제, 재건축 임대 주택 의무 비율 도입, 개발 이익 환수 등 지금의 부동산 대책과 거의 흡사한 규제들이 생기고 부동산 가격이 크게 내려갔다.

흐름을 모르는 사람이 맞닥뜨리는 일

두 번의 하락기를 눈으로 본 그때마다 나는 집을 팔았다. 이유는 두려움이었다. 나는 아파트 가격이 더 떨어질 거라는 두려움으로 남편의 반대에도 불구하고 집을 팔았다. 그리고 전세로 살거나 반전세로 살았다. 부동산은 한동안 주춤했다. 2014년 아파트 매매가는 점점 떨어지고 전세 대란 시기가 왔다. 분당에서 반전세로 살던 나는 집 없는 불안함에 수지의 112세대의 25평 아파트 견본 주택을 보러 갔다. 부동산 시장이 좋지 않은 시기라 미분양이었다. 분양가도 저렴했기에 14층을 계약했다. 중도금은 무이자라 부담이 없었다. 성복역 역세권이었고, 성복역에 롯데몰이 들어서기로 확정됐다는 소리에 점점 프리미엄이 올랐다.

하지만 두 아이의 교육비가 많이 나가는 시기였고, 모자라는 교육비를 감당하기 위해 팔지 말아야 할 분양권을 매도했다. 나는 공부가 돼 있지 않았기에 부동산 시장의 흐름을 전혀 몰랐다. 그래서 가격이 오르면 팔기에 바빴다. 전세가는 점점 올랐고, 급기야 분당에서 다른 지역으로 이사해야만 했다. 이렇게 세 번의 부동산 실패를 겪고 나니 집 없는 설움이 들기 시작했다.

2016년 되던 해에 남편이 이제 더는 안 되겠던지 시가에 찾아가 사정을 말씀드렸다. 시아버님이 조금 갖고 있던 땅을 매도할 참이었던 것이다. 마침 땅이 팔려서 시아버님이 자식들에게 매도금을 조금씩 나누어 주셨다. 우리 집에는 한 줄기 빛이 들어온 것이다. 아무것도 없이 이대로 살 수밖에 없구나! 포기하고 있었는데 시가에서 희망을 줬다. 한참 부동산 현장을 다니며 살 집을 찾아봤다. 그로 인해 우리 부부는 대출을 많이 받았지만 30평대 새집을 분양받을 수 있었다. 2018년 새집으로 이사하던 날 우리 가족이 고생한 세월을 다 보상받는 느낌이었다. 그 집에서 1년을 살았고 나는 부동산 공부를 시작했다. 활황기가 지나서야 시작한 것이 늦은 감은 있지만, 이제라도 공부할 수 있어 다행이라는 생각이 들었다. 주변 지인들에게 나는 '지금도 시작하기에 늦지 않았어'라고 입버릇처럼 말한다.

50대에 도전해서 부자 되는 법

묻지 마, 보지 마, 속지 마 부동산 투자

부동산 초보자라면
조심해야 할 세 가지

부동산을 처음 매수하거나 투자할 때 주의해야 할 점은 무엇일까? 세 번의 수도권 부동산 투자를 실패한 것 외에 나는 지방 아파트에도 두 번의 투자를 했다가 크게 실패했다. 입주 물량이 뭔지, 공급 부족이 뭔지 몰랐던 2005년에 당시 그 지역이 입주 폭탄인 줄 모르고, 견본 주택의 화려함에 속아 서산의 아파트와 경주의 아파트를 계약했다. 계약금은 10%만 내면 됐기에 '언젠가 오르겠지' 하며 핑크빛 꿈만 꾸며 기다렸다. 정작 현장 조사는 하지 않았다. 지방은 수도권보다 견본 주택에 쓰인 내장재가 더 화려하다. 인구 수보다 입주 물량이 많았기에 결국 나는 두 개의 매물에 전세 세입자를 맞추지 못했고 결국 매도하게 됐다. 계약금을 받지 못한 건 물론이고 마이너스 프리미엄으로 내가 매수자에게 돈을 더 줘야 했던 가슴 아픈 투자 기억이 있다.

1) 조급한 마음만 다스려도 성공이다

부동산 투자는 수익률이 가장 높은 재산 증식 방법이다. 투자에서 가장 무서운 적은 조급함이다. 급하면 진다는 말도 있다. 그러므로 조급함을 없애기 위해서는 기초 공부를 해야 한다. 나 역시 기초 공부가 안된 상태에서 투자했기에 실패했다.

우선 내가 아는 지역부터 공부하고 수시로 '부동산지인, 아실, 호갱노노'에 들어가 조사하다 보면 시장의 흐름을 이해할 수 있다. 부동산 투자의 핵심은 임장, 즉 현장 조사다. 손품으로 지도를 보며 지역 분석을 하고, 직접 동네에 가서 학교 위치나 아파트 동 사이의 거리, 주변 환경 분위기 등을 실제로 봐야 한다. 초보일수록 부동산 방문을 많이 해 봐야 한다. '누가 부동산으로 얼마를 벌었대, 나도 여기에 투자해야지' 하는 묻지마 투자를 한다면 큰코다친다. 주변인들의 잘된 사례만 보고 매수했을 때 변수가 생기면 자신의 기준이 없기 때문에 버티지 못하고 매도하게 된다.

2) 지역 주택 조합 아파트는 절대 쳐다보지 마라

초보자가 부동산 투자 시 절대 쳐다보지 말아야 할 것은 지역 주택 조합 아파트, '지주택'이다. 지역 주택 조합 아파트는 모집 공고를 낼 때 청약 통장이 필요 없는 점, 시세 대비 저렴한 분양가를 홍보한다. 그럼 지주택을 모르는 초보자는 저렴한 분양가에 혹해서 실수한다. 지역 주택 아파트란 무주택자 세대주 조합원을 대상으로 투자 자금을 먼저 마련한 뒤에 시공사를 선정하여 주택을 짓는 것을 말한다. 주택지를 확보하지 못한 상태에서 조합원을 모은다. 조합원이 결성돼야 토지를 매입하고 건축비를 부담해 직접 주택을 만드는 형식이다. 그런데 사업 성공률이 현저하게 낮고, 대부분 허위 광고가 많다. 10년이 돼도 토지 확보조차 못한 지주택이 많다.

3) 알아도 속기 쉬운 기획 부동산

그다음 초보자가 조심해야 하는 건 기획 부동산이다. 임야를 대상으로 하는데 대체로 큰 덩어리인 토지를 쪼개서 팔거나 공동 지분의 형태로 팔기 때문에 소액 투자가 가능해 초보자가 혹하기 쉽다. 그러나 대부분이 개발이 낮은 산속의 맹지인 경우가 많고, 지분 투자는 모든 소유주의 동의를 얻어야 처분할 수 있기에 재산권을 행사할 수 없다. 지주택과 기획 부동산은 쳐다도 보지 말자.

부동산 기초 공부를 혼자 하기가 어렵다면 요즘은 강의나 공부

모임도 많고 부동산 카페도 있으니 도움을 받을 수 있다. 하지만 가장 기본으로 자기 공부부터 해야 한다. 부동산 관련 책 50권 이상 보기, 매일 경제 신문 읽기, 부동산 블로그나 유튜브 구독하기, 부동산 기초 강의 듣기 등이다. 강의는 기본적인 부동산 지식을 습득한 후 들으면 이해하기가 쉽다. 나는 부동산을 여러 번 실패 후 잃지 않은 투자를 하려고 부동산 기초 강의와 중급 강의를 수강했다.

살걸, 팔걸, 버틸걸
후회하지 않으려면

1) 초보자라면 첫째는 독서부터 해야 한다

나는 부동산 초보 투자자에서 탈출하고 싶었다. 그래서 부동산 공부를 하기 전에 돈 공부를 먼저 시작했다. 경제 공부를 하기에 좋다는 EBS 다큐프라임 〈자본주의〉를 보며 적잖이 충격을 받았다. 돈의 역사와 흐름을 알았고, 자본주의에 사는 우리는 왜 쉬지 않고 일하는데도 삶이 힘든지 알게 됐다. 자본주의가 주는 메시지는 강력했다. 부동산 공부도 관련 책을 먼저 읽는 것이 순서였다. 책들을 읽고 나자 부동산에 관심이 더 생겼다. 지금은 부동산 뉴스도 꼼꼼하게 챙겨 보고 경제 신문도 구독해서 읽고 있다. 부동산 책, 부동산 뉴스, 경제 신문만 매일 봐도 경제 상황이 눈에 익는다. 블로그와 유튜브에 콘텐츠로 올라오는 부동산을 정보도 매우 유용하다. 무료 강의도 활용하기 좋다. 매일 듣다 보면 생소했던 용어가 귀에 들어온다.

부동산 공부가 처음이라면 무엇부터 시작해야 할까? 부자의 마인드부터 장착해야 한다. 나라 탓, 부자 탓을 하기보다는 황금 같은 시간에 부동산 관련 책을 읽어 보자. 성공한 사람도 처음에는 무엇이든 어렵게 시작했다. 공부한 사람과 안 한 사람의 차이는 훗날 알수 있다. 모르면 기회가 온 줄도 모르고 놓치는 경우가 많기에 공부는 초보자에게 필수다. 꾸준히 하다 보면 재미를 느낄 것이다. 당장 투자할 자금이 없다고 공부를 게을리한다면 정작 투자 금액이 있어도 자신만의 기준이 없기에 투자하지를 못한다.

2) 손품, 발품으로 얻는 경험이 필요하다

무주택자, 1주택자, 다주택자의 포지션도 알아야 한다. 무주택자는 청약 가점을 확인하고 조정 지역이나 비조정 지역에 상관없이 내 집 마련을 하면 된다. 1주택자는 똘똘한 내 집 한 채를 마련하거나 비조정 지역에 추가로 1채를 마련하면 된다. 2주택자 이상은 세금 공부가 우선이며 다주택자는 공동 명의 등의 방법으로 명의를 분산하고, 공시가 기준으로 맞춰 놓아야 한다. 이제는 추가로 부동산을 매입할 때 주의해야 할 사항이 많다. 가구당 주택 수 보유 현

50대에 도전해서 부자 되는 법

황을 봐야 하고 대출이 나오는 지역인지를 확인해야 한다.

자신의 포지션을 확인 후 컴퓨터로 입주 물량이나 지역 매매가를 알아보는 '손품'으로 공부하고 임장, 부동산을 방문하는 '발품'으로 지도를 갖고 현장 조사를 나서야 한다. 손품으로 공부하는 경우 부동산지인, 아실(아파트 실거래가), 호갱노노에 가입해 놓는 것을 추천한다. 세 가지 앱만 있으면 어느 정도 흐름을 알게 되며 공부도 된다.

- 부동산지인: 지역 분석, 수요와 입주 정보, 미분양 정보, 지역별 거래량, 빅데이터 지도
- 아실(아파트 실거래가): 아파트 실거래가, 분양·미분양 정보, 매매·전세·월세 매물, 입주 물량
- 호갱노노: 개발 호재와 매물 정보가 지역 아파트별로 나온다. 지역으로 들어가면 왕관 표시로 지역의 대장 아파트를 알 수 있다. 관심 지역의 청약 정보도 있다.

자신의 선택이 아닌 외부의 힘으로 자산이 변화된, 즉 현금만 갖고 있던 사람들을 풍자하며 '부동산 벼락 거지'라는 신조어가 생겼다. 부동산 시장의 급격한 가격 상승으로 부동산 랠리에 끼지 못한 사람들의 자산이 상대적으로 줄어든 현상을 말한다. 이전에는 '하우스푸어'라는 말이 유행한 적이 있었다. 집은 있지만 무리한 대출로 인해 빈곤하게 사는 사람들을 말한다. 요즘에는 젊은이들도 영

혼까지 끌어모아서 집을 산다. 지금 못 사면 점점 내 집 마련이 어렵기에 대출을 최대한 받아서라도 집을 사는 것이다.

실거주자는 내 집의 가격이 오르든 내리든 편안하게 살면 되지만 투자가 목적인 경우라면 시장의 흐름을 잘 읽어야 한다. 부동산 시장에 대세 하락기만 있는 것은 아니다. 대세 상승기도 있다. 이때 내 집의 가격이 올랐다고 팔면 다른 곳도 모두 오름세다.

부동산 가격은 입지, 수요와 공급, 호재로 가격 변동이 이루어진다. 강남 아파트가 왜 비쌀까? 사통팔달의 교통과 학군을 가진 최고의 입지 조건이기 때문이다. 부동산 규제로 서울 입성은 더 어려워졌다. 규제가 심해지더라도 입지가 좋은 곳은 영향을 상대적으로 덜 받기에 규제가 늘어날수록 서울과 비서울의 집값 격차가 커지기 때문이다. 하락기의 공포로 내 집을 몇 번이나 팔았던 이유가 이런 부동산 지식이 부족했기 때문이라는 판단에 나는 본격적으로 부동산 공부를 했다.

돈은 모르면 지나치지만
알고는 지나칠 수 없다

아내는 부동산 기초반,
남편은 경매반 수업을 듣는 부부

부동산 기초반 강의를 수강한 이유는 자금의 여유는 없지만 부동산 흐름을 알고 싶어서였다. 미리 공부해 놓고 유망 투자 지역을 찾는 법과 스스로 시장을 읽는 데이터 활용법을 배우고 싶었다. 그래서 남편에게 부동산 공부를 제대로 해 보자고 제안했다. 나의 간절함이 통했는지 남편은 경매 기초반과 경매 실전반을 수강했다. 나는 부동산 기초반을 수강하며 더 열심히 공부했다.

기초반 수업을 듣다 보니 예전의 내가 얼마나 부동산에 대해 알지 못했는지 여실히 드러났다. 기초가 워낙 부족했기에 모르는 단어와 내용이 많았다. 동네 부동산에 가서 물어보거나 인터넷에서 찾아보며 지식을 넓혀 갔다. 종잣돈이 1,000만 원뿐이었던 우리 부부는 이렇게 공부하며 살고 있던 아파트를 전세로 주고 송도에 또 하나의 작은 집을 매수하여 집 2채를 소유하게 됐다. 송도 집을 매수한 이야기는 뒤에서 풀어 보겠다. 여기에서는 부동산 기초반에서 배워 내 것으로 만든 부동산 지식을 간단하게 안내한다.

초보자도 고수도
내 집 살 때 확인해야 할 10가지

가격 변동의 요인으로는 입지, 수요와 공급, 지역의 호재, 그리고 부동산 정책이다. '부동산지인'에서 입주 물량이 어느 정도 인지, 인구수와 함께 수요와 공급은 어느 정도인지 사전에 알아본 후 지역을 정해 임장을 가면 된다.

부동산을 처음 방문할 때는 실수요자인 양 질문해야 한다. 나는 부동산에 가면 소장님의 인상을 먼저 칭찬한다. 인상이 너무 좋으시다고 너스레를 떨면 지도 앞에서 소장님의 카랑카랑한 목소리로 설명을 들을 수 있다. 급매는 소장님의 마음속에서 나온다고, 부동산에 직접 가서 친분을 쌓아 놓으면 장부 속에 감춰 둔 급매가 나오기도 한다.

내가 살 집을 먼저 마련해 놓고 또 한 채를 투자하는 갭 투자는 전세가와 매매가의 차이가 적은 주택을 매입하는 것으로 가장 투자금이 적게 드는 투자 방법이다. 내가 원하는 물건을 싸게 잡는 노하우는 사전에 공부해 둔 상태에서 선진입하는 것이다. 사고자 하는 집의 가격이 적정한지 네이버 매물과 아파트 실거래가를 비교해 본다. 괜찮다면 관심 단지로 등록 후 매일 매물을 검색한다. 아파트는 좋은 집을 사 둬야 잘 팔린다. 2~3층이 가장 안 팔리며 1층보다는 탑층이 낫다.

아파트 투자나 내 집 마련 시 꼭 체크해 볼 10가지 사항이 있다.

1) 향후 공급이 부족한 지역인가?

2) 전세 물량이 부족한 지역인가?

3) 교통과 학군이 좋은 지역인가?

4) 일자리와 호재가 있는 지역인가?

5) 미분양이 줄어드는 지역인가?

6) 장기간 보고 있다가 급매가 나오면 살 것

7) 로얄동과 로얄층을 살 것

8) 500세대 이상을 살 것

9) 다양한 평수가 있는 곳을 살 것

10) 초등학교를 품고 있는 아파트, 일명 초품아를 살 것

부동산 기초반에서는 투자 시 주의 사항, 손품(사전 조사) 방법, 임장과 부동산 방문 기술 같은 발품(현장 조사)을 공부했다면 중급반에서는 전국의 지역을 조사하는 공부법을 배웠다. 나는 지방의 아파트 투자에 크게 실패했기에 지방의 부동산에 대해서는 귀를 닫고 모른 체하고 있었다. 그런데 공부해 보니 전국의 집값이 같이 오르고 내리고 하지 않는다는 걸 알 수 있었고, 지방 투자도 꽤 매력적이라는 걸 느꼈다.

부동산도 주식처럼 차트를 이용해 공부하니 이해가 된다. '부동산 지인'의 아파트 목록에서 매매 가격을 보면 동별 줄 세우기(평단가)가 가능하다. 어디가 대장 아파트인지 알 수 있다. 지방은 수도권과 달리 교통보다는 학군이 아파트 가격을 좌우한다. 특히 중학교 학군이 좋은 곳이 가장 아파트 가격이 비싸다. 좋은 학군과 학원가는 '아실(아파트 실거래가)'에서 알 수 있다.

부동산 공부를 하고 나니 시장의 흐름이 보였다. 이후 원주와 청주, 당진으로 임장을 다녀왔다. 35만 7,000여 인구의 원주는 대장 아파트와 재건축 아파트 위주를 임장했고, 84만 8,000여 인구의 청주는 중급반 조원과 청주시 지도를 만들어 4개의 구를 하루에 다 돌고 왔다. 당진은 인구 16만 7,000여 명의 소도시다. 대장 아파트 위주로 앞으로 오름세가 있는 곳은 어디일까? 나의 기준이 있어야 한다. 내 판단으로 스스로 어디가 저평가인지 알 수 있도록 말이다.

발로 뛰어 보니 보이는
부동산 시장

내가 한평생 산 곳을
어떻게 떠나야 하나

부자를 꿈꾸면서 세 가지 '시간 사용, 만나는 사람, 사는 곳'을 바꾸기로 마음먹고 두 가지를 바꿨다. 이제 사는 곳을 바꿀 차례다. 그동안 용인 수지, 분당, 수원 근교에서 50년을 넘게 살았다, 막상 사는 곳을 바꾸려 하니 어릴 때부터 결혼 후까지도 쭉 살았던 곳을 떠나 다른 지역에서 살 수 있을까 걱정되기도 했다. 태어나서부터 살던 지역을 바꾸는 일은 남편을 설득하는 것부터 쉽지 않았다. 어디로 가야 할지도 정하지 않고 막연한 생각만 갖고는 사는 곳을 바꿀 수 없었다. 종잣돈도 모자랐기에 당장 이사를 하기보다는 부동산 공부에 더 집중했다. 인터넷으로 경기도, 인천, 서울부터 파헤쳤다. 그리고 시간이 날 때마다 임장을 갔다.

임장이란 현장 답사로 상품(아파트, 주택, 상가), 브랜드(1군 건설사), 환경적 요건(도로, 지하철, 학교, 마트, 공원 등)과 조망을 실제로 보고 해당 지역의 특징과 가치를 파악하는 것이다. 첫 임장지는 시간이 되는 아들과 함께 갔던 화성시 반달마을이었다. 수원시와 화성시 그리고 용인시의 경계점에 있는 곳이라 수원보다는 가격이 저렴했다. 날씨가 더운 날이었는데 단지를 먼저 둘러보고 부동산에 들어가니 센스 있는 소장님이 시원한 냉커피를 타 주셨다. 한잔 쭉 들이키며 두산위브 아파트에 대한 소장님의 브리핑을 들어 봤다. 설명을 듣다 보니 가격이 저평가돼 있다는 생각이 들었다. 바로 앞에 신축 아파트가 들어서는데 분양가가 비싸다. 교통도 2026년 정도가 되면 좋아진다고 한다. 내친김에 집도 보러 들어갔다. 13년 된 집이라 인테리어를 조금 해서 들어가면 괜찮을 것 같았다. 평수에 비해 넓었고 가격도 괜찮았다.

소장님에게 감사의 인사를 전하고 집에 돌아와 임장 일기를 블로그에 기록했다. 임장 기록을 꾸준히 하면 공부가 되는 효과가 있다. 임장 기록을 하다 보니 다른 곳도 궁금해졌다. 매주 임장을 다니고 가족 중 한 사람이라도 시간이 맞는다면 함께 가기로 했다.

발품을 팔면서 임장의 중요성을 더 확실히 알게 됐다. 그동안 부

50대에 도전해서 부자 되는 법

동산을 몇 번 사고팔았지만, 임장을 다닌다거나 공부를 한 적은 없었다. 내가 그동안 부동산 투자에 실패한 원인이 여기에 있음을 알았다. 앞서 이야기한 서산 33평의 아파트를 견본 주택만 보고 현장도 가 보지 않은 채 덜컥 투자했다. 입주 날짜가 다가오는데 가격이 오르기는커녕 분양가보다 싸게 매도할 수 있다는 연락이 왔다. 나중에 알아보니 그해 서산에는 분양 물량이 엄청 많았다고 한다. 수요보다는 공급이 많았을 때였다. 특히 내가 산 지역은 서산 도심과 떨어져 있는 곳이라 누구 하나 보러 오는 사람이 없었다. 돈을 벌기는커녕 오히려 더 토해 내며 매도해야 했던 아픈 기억이 있다. 그런 일을 다시는 되풀이 하지 않도록 충분히 공부한 후에 사는 곳을 바꿔야 한다.

부동산 투자를 시작했다면
불장이든 하락장이든 해야 하는 것

전국이 불장이라고 할 만큼 모든 지역의 부동산이 상승세였다. 내가 송도에 살고 있을 때 지인 한 분이 내가 사는 아파트 단지로 매매하러 온다는 연락을 받았다. 오랜만에 소장님도 뵐 겸 부동산에 갔다. 1년 3개월 전 아파트를 매수했던 곳이다. 부동산에 앉아 설명을 듣는데 전월세는 물론 매매로 나온 매물도 별로 없었다. 수도권이 투기 과열 지역이나 조정 지역으로 묶여 투자자들이 지방으로 몰리면서 지방도 계속 상승하는 시기였다. 그러면서 투자자가 또다시 수도권으로 몰려 시세가 꿈틀댄다는 설명을 들었다. 인천은 활활 타오른다는 표현이 맞을 정도로 투자자가 들어왔다. 송도를 시작으로 인천 전 지역이 오름세를 보였다. 송도가 오르면 청라도 오르고 그 외 구축들이 차례대로 상승했다. 그즈음 지인의 동생이 인천에 집을 샀는데 배액배상을 당했다는 소리도 들었다. 적은 금액이 아니었음에도 매도자 우위 시장임을 알 수가 있었다. 저평가돼 있던 지역들이 꿈틀거리던 시절이다.

아파트 가격은 주변에 공급이 없어야 하고, 전세 물건도 없고, 투자자가 진입 후 실수요자들이 뒤따라 매수를 할 때 오른다. 투자자는 갭이 적을 때 진입한다. 전세가가 급등해 매매가를 끌어 올리면 상승한다. 수요와 공급의 원칙이다. 매물이 나오자마자 곧바로 팔리니 점점 더 높은 가격의 매물이 하나둘씩 나왔다. 그마저도 나오자마자 소진된단다.

지인과 나는 우리 집 옆 단지의 33평 매물을 보러 갔다. 아파트가 지어진 지 6년밖에 되지 않았고 깨끗하게 청소가 돼 있는 빈집이라 집 상태가 아주 좋았다. 다만 아쉬운 건 30층이 넘는 층수에 9층이라는 점과 단지 뷰라는 점이었다. 그나마 급매로 나온 것이라 가격 면에서 장점이 컸기에 지인이 망설였다. 함께 점심을 먹으며 매물로 나온 집에 관하여 이야기를 나누었다. 위치나 가격이 좋아 매매하는 것으로 결정하고 다시 한 번 집 상태를 꼼꼼히 살펴봤다.

지방 광역시의 대장 아파트가 13억 원까지 실거래가 됐다고 하니 인천광역시의 대장인 송도의 아파트가 여전히 상승할 여지도 충분해 보였다. 지인도 부동산 공부를 하고 있었기에 타이밍을 보다가 매매하러 온 것이다. 지인이 사는 집은 40평대지만 지역이 다른 곳이라 송도의 30평대 아파트보다 낮은 가격이라고 한다. 네이버 부동산으로 실거래가를 살펴봤다. 몇 달 전보다 확실히 오름세였다. 부동산 정책이 끊임없이 나왔지만, 저금리라 투자할 곳도 마땅치 않으니 부동산으로 몰리는 현상이 생기는 것 같았다.

코로나 시대라 함부로 돌아다니기는 어렵지만, 부동산 공부를 하고 있기에 조심, 또 조심하면서 임장을 다니고 있다. 손품으로 조사한 울산광역시 대장 아파트인 문수로 아이파크가 10억 원이 넘는다. 상권보다 학군이 좋아 계속 오름세로 거래됐다고 한다. 부동산 뉴스를 검색해 봤더니 비조정 지역을 규제로 묶으니 지방 시세가 오르고 있다고 했다. 과연 언제까지 오름세일까? 부동산 기초반에서 배운 대로 시장의 흐름보다는 수요와 공급의 영향으로 인해 가격이 오르고 내리고 하는 것을 알 수 있었다.

부동산 공부를 해 보니 대장주를 먼저 보는 것이 좋다. 특히 왜 대장주가 됐는지를 알아봐야 한다. 우선 교통이 좋고, 학군과 상권까지 좋다면 최고의 아파트다. 서울과 수도권은 교통을 최고로 따진다. 지방 광역시는 교통보다 학군을 우선순위로 두는 것을 알 수 있었다. 2주택자부터는 취등록세가 오르고 주택 수만큼 보유세도 오르며 1주택자라도 1채의 가격이 11억 원을 초과하는 경우라면 종합부동산세도 내야 한다. 세금도 많아지고 매매하기도 어려워졌지만, 부동산 공부는 끊임없이 해야 함을 느끼고 있다. 하루가 다르게 급변하는 것이 부동산 정책과 시장이기 때문이다.

우리 주변에는 생각보다 자기 계발을 하는 사람이 많다. 부동산 강의장이나 현장에 나가 보면 발로 뛰며 투자하는 사람을 많이 봤다. 그들을 보니 지금 공부를 안 한다면 내가 원하는 경제적 자유의 꿈은 멀어지겠다는 생각이 들었다. 부자가 되기로 결심한 후 달리기 선수가 준비 전에 운동화 끈을 조여 매듯이 나를 바짝 조였다. 내년에도 최선을 다하자 하는 마음이 불끈 생겨난다.

50대에 1,000만 원으로
새로운 터전에서 시작한 용기

투자도 실행이 답이라는
깨달음

책을 읽기 시작한 후 남편과 도서관이나 서점에 자주 갔다. 중고 서점도 자주 이용한다. 책을 좋아하는 남편은 2~3일에 1권을 읽는 다. 우리 부부가 책을 읽기 시작한 후 자연스럽게 텔레비전은 멀리 하고, 책을 사는 비용은 늘어났다. 식비를 아껴 강의 수강료나 도서 구매비로 지출한다. 부자가 되는 발판이라 생각하고 자기 계발비에 투자하는 것이다. 부동산 공부를 시작했을 때는 부동산 관련 책만 연이어 읽었고, 돈을 모으는 시기라 재테크 책을 읽을 때도 마찬가지로 비슷한 분야의 책을 여러 권 읽었다. 생각과 행동을 바꾸고 무언가를 새롭게 시작하고 싶다면 내가 관심 있는 분야의 책으로 독서를 시작하면 된다. 독서의 힘을 믿어 보라.

어느 날 남편과 서점에 갔다. 그날도 어김없이 제목에 돈, 부자, 성공이라고 쓰인 책만 찾고 있었는데 《실행이 답이다》라는 책이 눈에 들어왔다. 우리 부부는 그 자리에서 책을 읽기 시작했다. 일단 제목이 눈에 들어오니 내용도 술술 읽혔다. 책을 읽다 보니 마음에 와닿는 문장도 많았다.

'의심하지 말고 시작하자.'

내가 가진 종잣돈은 1,000만 원이었다. 부동산 투자를 하기에는 적은 돈이다. 투잡을 하며 매일 적금을 부었고 앱테크 등으로 공돈이 생기면 무조건 적금 통장에 넣었다. 전부터 집을 이용해 또 다른 집을 매수하고 싶었지만, 용기가 나질 않았다. 오늘 읽은 책 하나로 나는 용기를 내어 망설였던 일을 실행했다. 의심하지 않기로 했다. 나를 믿고 시작해 보기로 했다. 종잣돈이 적으니 집을 이용해서 투자해 보기로 마음먹었다. 나는 멘토에게 용기를 내어 내가 관심 있는 부동산에 대해 물어봤다.

"선생님, 제가 송도라는 지역을 아주 긍정적으로 보고 있습니다. 선생님께서는 그 지역을 어떻게 보세요?"

선생님은 당황했지만 환한 미소로 "저는 송도라는 지역이 지금

그 가격은 아니라고 봅니다. 비조정 지역이라 나쁘지 않습니다"라고 했다. 선생님의 긍정적인 답변과 나의 판단, 마침 용기를 준 책 내용이 합쳐졌다. 우리 부부는 전부터 망설였던 '살던 집을 이용해 또 한 채의 집을 매수해야 하느냐 마느냐'는 고민을 끝내고 벌떡 일어나 동네 부동산을 갔다.

"소장님 안녕하세요. 우리 집 전세를 놓으려고 하는데 얼마에 나갈까요?"

부동산 소장님이 지금은 전세가 너무 잘 나가니 내놓으면 바로 계약된다고 하길래 부동산에 전세를 내놓고 나왔다. 이미 세 번이나 인천시 연수구 송도에 임장을 다녀온 후였다. 전세를 내놓은지 하루 만에 계약이 체결됐다. 송도에 도착하니 이미 가격은 하루가 다르게 상승해 있었다. 송도에 집을 사면 아이들은 직장이 멀어져 강제로 독립해야만 한다. 남편 또한 직장이 멀어 출퇴근이 힘들어졌다. 그런데도 남편과 상의 끝에 송도가 비조정 지역이라 매수하기로 했다. 우리 조건에 가장 맞는 25평집을 보고 그날 우리 부부는 계약서에 도장을 찍었다. 주변 환경도 깨끗하고 6년 차인 아파트라 도배만 하고 입주하기로 했다.

부동산이 오름세였던 2019년 10월에 나에게는 또 한 번의 기회가 있었지만, 종잣돈과 용기가 없어 실행하지 못했다. 수원 영통 지역이 그 시기에는 비조정 지역이었고 4,000만 원만 있으면 역세권의

25평 아파트에 실거주할 수 있었다. 살던 집을 전세로 주고 실행만 했다면 더 빠른 시기에 기회를 잡았을 것이다. 내가 송도 지역의 아파트를 살 때 수원 영통 지역은 조정 지역으로 묶였고 아파트 가격도 8,000만 원 정도 상승했다. 부동산 공부를 했더라면 기회가 왔을 때 의심 없이 실행했을 테지만 지금이라도 투자 공부에 눈을 떠서 다행이다.

살던 대로 살지 않으려면
고민은 신중하게 실행은 확실하게

인천국제공항에 인천대교를 타고 오다 보면 송도국제도시가 보인다. 야경이 정말 멋진 도시로 공항버스를 타고 지나기만 했던 송도로 임장을 갔다.

"여보! 저 멀리 보이는 저곳, 꼭 외국 같지 않아?"

"나 저 동네 한번 살아 보고 싶기는 하다."

인천공항을 향하는 인천대교를 지나며 우리 부부가 나눈 대화였다. 그곳에 임장을 하러 갔다. 송도 대장주인 3공구와 5공구 그리고 1공구를 답사했다. 두 번째 대장주라 불리는 5공구를 둘러봤다. 코로나 바이러스가 기승을 부리는 시기라 부동산에 가려면 예약은 필수다.

50대에 도전해서 부자 되는 법

웃는 얼굴로 방문하니 부동산 사장님의 긴장감 높은 브리핑이 시작됐다. 쉴 새 없이 전화벨이 울렸고 부동산 사장님은 "사장님 매물 안 보시는 조건으로 진행합니다. 가계약금 2,000만 원 넣으세요. 1,000만 원 안 됩니다"라며 단호하게 통화했다. 그 통화가 부동산 상황을 말해 줬다.

송도에는 벌써 세 번이나 답사를 왔었기에 네 번째인 오늘은 집을 매수해야겠다는 마음이 있었다. 그중 내가 가장 맘에 두었던 단지는 1공구였다. 가격도 나쁘지 않고 다른 새 아파트보다 덜 올라서였다. 남편과 나는 1공구를 걸어서 동네의 분위기를 보며 깨끗한 도시라는 것을 느꼈다. 1공구는 지어진 지 6년 차에 걸어서 8분 이내 거리에 공원이 있었다. 1공구에는 채드윅이라는 국제 학교도 있다. 대장주인 3공구는 인천 1호선인 인천대입구역이 있고 2026년에는 GTX-B가 개통 예정이다.

돈 없는 우리 부부가 투자한 방법은 사는 집을 전세로 주고, 전세금만으로 송도 아파트를 매수한 것이다. 당시 비조정 지역이었기에 6억 원 이하라 취득세는 1%였다. 분당 수지의 조정 지역에 대출을 많이 끼고 분양받은 아파트 가격이 상승해 전세가가 분양가를 넘었기에, 나는 살던 집의 대출을 갚는 조건으로 전세로 줬다. 돈이 없음에도 부동산이 두 채가 됐다. 실행을 못 했다면 나는 여전히 대출이 많은 아파트 한 채로 대출금 이자를 내며 아무것도 하지 않고 노후를 맞이할 것이다.

우리는 익숙한 곳에 정착하려는 영토 본능이 있다. 낯선 곳이 두려워 움직이려 하지 않는다. 나 또한 50년을 넘게 산 터전을 떠나 새로운 곳에서 시작했다. 송도에 이사를 와서도 새벽 기상한 후 집 앞에 센트럴파크로 산책을 하러 나갔다. 집에서 인천 어시장인 연안부두가 멀지 않고 3킬로미터 정도 가면 시장도 있다. 여름에 이사를 왔는데 가을이 되니 하늘도 예쁘고 나무들이 물들기 시작해 공원에 나가면 여행을 따로 가지 않아도 될 만큼 힐링이 된다. 송도는 야경이 정말 예쁜 도시다. 센트럴파크에서 바라보는 야경은 홍콩이 부럽지 않을 정도다. 주변에 송현아라고 불리는 송도 현대 프리미엄 아울렛이 있고 고층 빌딩과 아파트가 많아 외국의 느낌도 가끔 받는다.

내가 전에 살던 정든 곳이 그립기도 했지만, 부자가 되기 위한 발판으로 낯선 동네에서의 시작도 기대가 됐다. 거실 소파에 앉아 야경을 바라보니 계약 당시 즈음이 생각났다. 6월에 계약금을 내고 매수했는데 바로 5일 뒤에 송도는 투기 과열 지구로 바뀌었다. 그만큼 송도에 투자하려는 사람이 많다는 것을 의미했고, 내가 매수할 때는 거래가 활발할 때였다. 조금만 늦어 6.17 부동산 대책이 나온 뒤였다면 나는 또다시 망설였을 것이다.

책을 읽지 않고 용기를 준 멘토들을 만나지 못했다면, 이런 실행을 하지 않았고 지금껏 살던 대로 살아갔을 것이다. 이곳으로 이사한 후 남편의 변화도 있었다. 남편은 책을 좋아하지만 새벽에 일어나지는 않았는데 어느 날부터인가 내가 4시에 일어나 커피를 내리고 책을 보니 남편도 스스로 새벽 5시에 일어나 책을 읽으며 필사도 하고 자기 확언을 쓰기 시작했다. 신기한 일이다. 남편은 독서, 스트레칭, 영어 공부의 루틴으로 매일 새벽을 맞이하고 있다. 부자가 되려면 부부가 한마음이 돼야 한다. 우리도 같이 산 지 29년 만인 이제야 한마음으로 부자 인생을 향해 달려가고 있다.

내가 살고 싶은 도시, 살고 싶은 집으로 가는 방법

아줌마들이 일냈다!
부동산 공부 모임

부동산 기초반 강의를 열심히 듣고 공부하고 있을 때 6.17 부동산 대책이 발표됐다. 곧이어 7.10 부동산 대책이 추가로 나왔다. 부자가 되기 위해서 집을 이용했고, 대출은 많았지만 집을 2채로 만들어 놓았는데 추가로 대책이 나오는 바람에 공부의 방향성을 잃었다. 과제를 받으면 현장 조사도 다녀 보고 부동산에 방문해 열심히 정보도 얻곤 했는데 흥미를 잃어버려 아무것도 하기가 싫어졌다. 같이 공부하던 수강생들도 모두 같은 마음이었을 것이다. 우리는 6주

동안 매주 함께 밥을 먹으며 토론도 하고 사는 이야기도 하며 점점 친해졌다. 기초반 마지막 날, 아쉬워하며 그날도 어김없이 함께 식사를 하는데 한 사람이 제안했다.

"우리가 지금 이대로 헤어지기는 아쉬운데 같이 부동산 공부를 하면 어떨까요?"

"어머 좋아요. 저는 찬성이에요."

"이왕 하는 거 제대로 해 봐야죠. 어떻게 하면 될까요?"

다들 이구동성으로 찬성해서 우리는 야심 차게 스터디 그룹을 만들었다. 이리하여 생긴 6명의 스터디그룹 이름은 '아일'이다. 아일은 '아줌마들이 일냈다'는 말의 약자다. 아일 스터디 구성원의 평균 나이는 45세다. 혼자 50대인 나는 조원들에게 민폐가 되지 않도록 컴퓨터도 배우고 임장 지도도 만들며 어디로 임장을 갈지 고민하며 설레기도 했다. 우리는 사는 곳이 모두 다르기에 매일 메신저로 경제 뉴스를 공유했다. 한 달에 두 번 임장 보고서도 작성하며 한 달에 한 번은 다 같이 모여 지방으로 현장 조사도 다녔다. 현장 조사 보고서를 서로 공유해 의견도 나누고 장단점도 이야기하며 우리는 성장해 갔다.

우리의 첫 단체 임장지는 의왕시와 과천시였다. 다들 손품으로 지역 분석을 하고 온 후라 발 빠르게 동네를 돌아다니며 분석해 나갔다. 부동산에 들어가 궁금한 점들을 물어보고 동네를 걸어서 돌아다니며 사진도 찍고 교통은 어떤지, 상권은 좋은지, 초등학교는 바로 앞에 있는지를 살펴봤다. 향후 월판선 교통의 수혜를 볼 아파트는 어디쯤인지 보러 아침부터 나선 길은 어두워질 때까지 계속됐다. 이렇게 임장을 한 후에는 각자 블로그에 임장 기록을 남기고 줌으로 만나 서로의 생각을 나눴다. 행정 구역별 인구 현황, 인구수, 세대수, 변화 추이, 입주와 미분양 물량, 전입과 전출 인구수, 입지 분석, 교통 호재나 일자리까지 세세하게 기록하면서 다 같이 공부했다. 그리고 또 다가올 임장 기회를 보며 각자 가 보고 싶은 지역을 공부해 지식을 쌓고 있다.

또다시 올 기회를 위해
준비해야 할 것

우리 스터디 조원들은 주로 아파트, 분양권, 재개발을 중심으로 각기 다른 지역을 발표하고 질문도 해 가며 공부하고 있다. 그렇게 하니 가 보지 않은 지역도 마치 다녀온 것 같다. 가진 돈은 많지 않지만, 종잣돈을 열심히 모아 가며 공부하는 조원들이 있어 큰 힘이 된다. 부동산 공부도 혼자는 어려운 법인데 함께 하는 이들이 있기에 꾸준히 할 수 있었다. 이 중 두 명은 울산의 재개발 아파트를 사기도 했다. 비조정 지역이기에 매매 후에는 웃돈이 붙었다. 나는 대출 많은 아파트가 두 채 있기에 더는 대출이 나오지 않는다. 기회는 또다시 온다는 것을 알기에 공부하며 기다렸다. 단체 임장은 온종일 걸리기 때문에 힘들지만 다녀오자마자 바로 정리하지 않으면 잊어버려서 자료를 정리해 기록해 둔다. 자료는 블로그에 사진과 함께 기록한다. 임장 보고서라는 노트도 만들어 기록해 놓고 있다, 기록하는 습관이 참 중요하다.

내가 개별 임장을 발표할 차례가 왔다. 나는 개별 임장 장소를 광명시로 정했다. 재개발 지역이 많아 손품으로 조사를 한 후 겨울비가 추적추적 내리던 날 현장을 다녀왔다. 광명시의 인구수는 30만 명이 조금 안 된다. 재개발로 인해 인구수가 감소했다. 광명시는 교통 호재가 많은 곳이다. 신안선과 월판선이 개통 예정이고 KTX 광명역이 있다. 광명 뉴타운 구역 위치를 보면 1구역부터 16구역까지 있다. 철산역이 가까운 11구역과 12구역이 가장 좋아 보였다. 역시나 광명 11구역, 12구역 매물은 가장 비싼 프리미엄에 거래되고 있었다. 광명은 현재 미분양이 없으며 2023년까지 재건축으로 인한 입주 물량으로 인해 수요보다는 공급량이 많다. 서울이나 마찬가지로 불리는 광명은 나도 살고 싶은 도시 중 하나다.

우리의 목표는 전국의 대도시 인구 50만 이상의 도시를 완벽하게 지역 분석하는 것이다. 부동산 시장에는 대세 상승장과 하락장 그리고 활황기와 불황기가 있는데, 불황기라도 공부를 꾸준히 한다면 두려울 것이 없다. 나 또한 '이런 것을 미리 알았다면' 하는 아쉬움이 있지만, 지금이라도 공부할 수 있어 너무 다행이라고 생각한다.

우리 아일 스터디의 꿈은 꾸준히 공부해 남들에게 알려 줄 수 있도록 6명이 책을 내는 것이다. 부동산에 관심이 있다면 혼자서 하기보다는 스터디를 만들어 같이 공부하거나 부동산 기초 강의를 듣는 것을 추천한다. 그리고 부지런히 현장 조사를 다녀 시세나 급매에도 관심을 가지고 조사해 두는 것이 좋다.

50대에 도전해서 부자 되는 법

1년 6개월 만에
25억 원 부자로 성공한 기적

집을 돌리고 굴리고
불리는 방법

송도 집을 살 때 33평을 사기에는 전세금이 부족하여 25평을 매수했다. 당시 최고 실거래가가 내가 산 집이었다. 한 달 후 찍힌 실거래가도 우리 집보다 1,000만 원이 싼 금액이었다. 꼭지에 산 건가 싶어서 이사 후에 잠이 오지 않았다. 다행히 한두 달이 지나자 집값이 오르기 시작했다. 한여름 8월에 이사를 왔는데 겨울이 되자 광역시임에도 저평가돼 있던 인천의 집값이 들썩거렸다. 송도에 투자자가 들어오고 있음을 알 수 있었다. 발 빠른 지인이 송도의 40평대 아파트를 사서 전세를 놓고 제주도에 가서 살다가 3년 후 입주한다고 한 예도 있다. 나는 집 앞 부동산을 자주 드나들면서 소장님에게 시세와 매물 정보 등을 얻었다. 어느 날 보니 송도 집은 내가 산 가격보다 3억 원이 올라 있었다. 1년 만이었다. 전세를 주고 온 수지 집도 매매가를 보니 송도 집보다는 덜하지만 최고점을 찍고 있었다. 나의 자산이 1년 사이에 엄청나게 늘어나 있었다.

송도에 추가로 집 1채를 매입한 후 부동산의 흐름이 궁금했고, 송도 집을 비싸게 산 것 같아 기초부터 부동산을 공부했다. 부동산 관련 서적을 보며 임장을 자주 다녔고 남편도 경매 기초반과 실전반을 수강하며 열심히 공부했다. 경매를 배우고 와서는 가족에게 설명도 해 주고 가르쳐 줬지만, 경매 용어는 너무 어려웠다. 나는 경매보다는 일반 부동산에 관심을 가졌다. 부동산이 대세 하락기가 아니어도 하락하는 이유가 궁금했고, 수도권은 상승하는데 지방은 왜 하락하는지 궁금해졌다.

부동산 공부를 시작하며 또다시 송도에 살던 집을 1년 만에 월세를 주고 나도 월세로 이사했다. 사는 집을 이용해 월세 받기 작전을 해 보려던 참이다. 더 이상의 종잣돈이 없었기에 이런 방법을 이용해 다시 한번 이사했다. 지난해 매수한 송도 집이 꽤 많이 상승해 매수 가격이 전세가가 됐다. 지금은 대세 상승장이다. 2020년 8월에 입주했으니 1년 만에 부동산 가격이 크게 상승한 것이다. 경제적 자유를 이루기 위해서 2년간 싼 월세살이를 하기로 남편과 합의했다. 송도 집 월세가 더 높았고, 내가 살 곳의 월세와 50만 원의 차액이 남는다. 송도 집은 경제적 자유를 이루면 다시 들어와서 살고 싶은 쾌적한 도시다. 마감 기한이 2년 반 정도 남았다.

50대는 인생의 반이라는 말이 있다. 시간이 많지 않기에 천천히 갈 생각은 이미 버렸다. 월세로 이사를 결심하기까지 우리 부부는 마인드를 또 한 번 바꾸는 고통을 겪어 냈다. 가족의 협조가 필요한 이사 계획이 이번에는 순조롭게 진행됐다. 1년을 지켜본 남편이 이제는 나를 믿기 시작하며 도와준다. 내가 먼저 변화하면 가족도 변화한다는 걸 알 수 있는 순간이었다. 엄마의 열정은 아이들에게도 전달됐다. 딸아이는 무주택자이며 독립된 세대주다. 종잣돈이 부족하지만, 엄마처럼 투자하고 싶다며 상담을 해 왔다.

부동산 1채가
3채가 되기까지

부동산 중급반 수업을 들으며 지방의 부동산을 공부하고 있을 무렵 수지 집 세입자에게서 연락이 왔다. 급히 이사를 나가야 한다며 부동산에 다시 전세로 내놓아도 되겠느냐는 연락이었다. 1년 전보다 전세금이 많이 올랐으니 나에게는 투자금이 생기는 좋은 기회였다. 전세 매물이 부족하다 보니 계약이 빠르게 이루어졌다. 2년이 조금 지난 새집이고 중년 부부가 살았기에 특별히 수리할 곳은 없었다. 전세금 차액이 생겨서 나는 또다시 임장을 부지런히 다녔다. 무주택자인 딸아이와 공동 투자를 해 볼 생각이었다. 남편과 인천의 연수구 송도역 주변을 이틀 동안 돌아다녔다. 광명역을 임장하며 트리플 역세권이 어떻게 천지개벽할 수 있는지 배운 것을 토대로 송도역에 예정된 복합 단지와 월판선, 송도역 KTX, 그리고 수인분당선까지 트리플 역세권에 투자하기로 했다. 1997년에 지어진 구축이지만, 항아리 상권으로 깔끔한 시장도 형성돼 있다.

인천은 두세 달 전에 한차례 올랐지만, 아직도 저평가였다. 부동산 공부를 하면서 그 지역 대장 아파트가 많이 올랐다면 그 옆 단지를 공략하라는 말이 생각났다. 역시나 대장 아파트는 이미 많이 올라 있었고, 저층이나 비선호하는 매물만 남아 있었다. 송도역이 가까울수록 물건은 없었다. 역과의 거리가 500미터 안일 때 역세권이라 불린다. 이틀을 샅샅이 찾은 결과 나에게 맞는 집을 하나 찾을 수 있었다. 대장 아파트 옆 단지이며 송도역과의 거리는 850미터였고 남향, 로열층에 올 수리된 집이었다.

대세 상승장이나 저평가된 곳에 투자자가 들어온 지역이라면 집을 안 보고 계약하기도 한다. 하지만 나의 기준은 달랐다. 수리가 어느 정도 돼 있는지 봐야 했다. 특히 처음 집을 매수한다면 나중에 팔기도 좋게 층과 방향 그리고 집 상태를 꼭 보는 것이 좋다. 매수는 쉬워도 매도는 훨씬 어렵다. 수리가 잘된 25평 아파트를 매수했다. 전세가가 낮아 갭이 큰 물건이었다. 세입자는 계약 갱신 청구권을 쓴 상태라 2년만 더 살면 내보낼 수 있는 조건의 집이었다. 투기 과열 지구라 자금 조달 계획서를 첨부해야 했기에 5,000만 원은 딸에게 증여 신고하고 나머지는 차용증을 썼다. 아이의 자금도 들어간 공동 투자지만 이렇게 해서 나에게는 1년 6개월 만에 3채의 집이 생겼다.

나는 수지의 대출 많은 30평대 집을 전세를 주고 전세금으로 송도의 25평 집을 매수해서 실거주하다가 다시 월세를 주고 25평의 저렴한 구축 월세로 이사하여 월세 차액 50만 원을 챙겼다. 수지 집 세입자가 바뀌며 생긴 전세 차액으로 딸아이와 구 송도역 인근의 25평 아파트에 공동 투자했다. 이것이 종잣돈 없는 내가 실행한 방법이다. 1년 6개월 만의 성과로 수도권 아파트 3채, 월세 50만 원이 생겼다. 1년 안에 두 번이나 이사했다. 이사할 때마다 '마지막이었으면' 하고 이사를 해도 변수가 생기는 것이 인생인가 보다.

경제적 자유를 이루려면 돈이 얼마나 있어야 할까? 구체적으로 종이에 적기 시작했다. 남편과 머리를 맞대고 우리 집 자산을 파악해 봤다. 1년 6개월 전에는 수도권의 대출 많은 집 한 채, 남편과 나의 월급이 전부였다. 대출은 줄어들었고, 수도권의 아파트가 3채가 됐다. 이외 매달 나오는 월세 50만 원, 미국 배당 주식, 적금, 펀드가 있다. 전자책과 콘텐츠로 인한 부수입도 있다. 맞벌이하지 않아도 맞벌이의 효과를 보고 있다. 월 200만 원 이상의 부수입이 월급처럼 내 통장에 매달 들어온다. 자산은 25억 원이 됐다.

원수 같던 주식이
효자가 되다

오를 때 마냥 기다리다가
결국 손해 보고 파는 사람의 심리

내가 주식을 처음 시작한 시절은 IMF 때다. 그 시절은 주식도 반토막이 나고 부동산도 반토막이 난 시절이었다. 삼성전자도 3만 원으로 곤두박질했다. 그 후에 한 달도 안 돼 6만 원, 9만 원대로 올라가기도 했다. 외환 위기는 생각보다 빠르게 회복되어 주식도 빠르게 상승했다. 동네 언니를 따라 IMF 시절에 주식을 조금 투자해 봤다. 자고 나면 주식이 오르던 시절이라 급등하는 주식을 본 나는 통장에 있던 돈을 모두 꺼내 주식에 투자했다. 그 시절 500만 원은 지금의 얼마일까? 수원의 20평대 새 아파트가 6,500만 원, 구축 13평이 3,500만 원 하던 시절이었다. 500만 원이 1,000만 원이 되자 나는 얼른 매도했다. 그런데 또 얼마 안 가 1,500만 원으로 오르는 것이었다. 주식뿐 아니라 부동산도 빠르게 상승했다. 주식으로 1,000만 원이 생겼지만, 남편의 월급이 밀리고 운영하던 미술 학원도 문을 닫아야 하는 상황이었다. 생활비로 써야 했기에 그 돈은 빠르게 없어졌다.

그 후 또 한 번 주식을 할 기회가 왔다. 아는 지인이 투자 회사에 근무할 때였다. 1,000만 원의 여윳돈이 있었을 때 지인의 말을 믿고 이름 모를 회사에 투자했다. 처음에는 200만 원이 수익으로 올랐다. 지인은 매도하라고 했지만, 예전의 경험만 믿고 더 오를 거라는 기대에 계속 놔두었다. 그러나 더 오르기는커녕 악재가 겹쳐 하한가로 떨어졌다. 마이너스 파란불이다. 나는 오기로 계속 놔두었다. 언젠가는 오를 거라는 믿음으로 모르는 체했다. 결과는 어떻게 됐을까? 안 봐도 뻔한 결과가 초래됐다. 반토막으로 손절매했다. 오래전 이익을 본 500만 원이 손실이 난 것과 다름없었다.

그 후 주식은 쳐다보지 않았다. 그러다가 2004년도에 펀드 열풍이 불었다. 국민 대다수가 펀드에 가입했고, 중국 펀드 시작으로 각 나라의 펀드도 판매하기 시작했다. 나는 그중 삼성 인덱스 펀드와 중국 차이나 펀드에 투자했다. 꾸준히 적립식으로 매입하니 수익이 나기 시작했다. 또 욕심을 부렸다. 수익이 나서 매도 버튼을 눌러야

50대에 도전해서 부자 되는 법

하는데 손가락이 거부한다. 결국 20%의 손실이 났을 때에야 모두 매도했다. 또다시 기회가 왔을 때 주식에서 손해를 보며 배운 바를 잊지 않고 수익이 나면 매도하고 또다시 매입하는 방식으로 펀드를 해야 했는데 그러질 못했다. 그즈음 딸아이의 유학으로 갖고 있던 펀드는 모두 매도해야 했다. 아이들에게 들어가던 자녀 교육비 때문에 이후론 저금이라는 걸 하지 못했다. 간신히 청약 통장만 유지했다.

실패해 본 사람의
주식 투자 원칙

나는 주식에 대해서 자세히는 모른다. 주식에 실패한 후 주식은 나와 상관없는 일이라며 멀리했었다. 남들이 주식으로 돈을 벌었다는 소리가 들려도 나는 귀를 닫고 있었다. 지금은 우리나라 주식도 대세다. 주식으로 실패한 적이 있어 좋아하지는 않지만, 실업 급여가 끝난 후 마음이 불안해 소소한 용돈을 벌어 보려고 마음먹었다. 통장에 있는 돈을 주식 계좌로 옮기니 300만 원 남짓 됐다. 책을 몇 권 읽었을 뿐 차트나 실적을 볼 줄도 모르기에 시총 높은 주식만 선택한다. 얼마 되지 않지만 갖고 있던 미국 배당주는 노후 자금이라고 생각하고 놔둘 참이었다. 매체에 주식이 활황이라고 하는데 옆집 불구경하듯 가만히 있을 수는 없는 노릇이었다. 이미 지난주보다 많이 올랐지만, 시총 높은 주식으로 사 놓고 일주일을 기다렸다. 주식이 뜨거워서인지 10%로 넘게 상승해 있었다. 손가락이 매도 버튼을 향해 누르기를 시도했다. 300만 원의 10%, 30만 원의 수익이다. 일주일간 아르바이트를 해서 벌 수 있는 금액이다. 일단 30만 원을 나만의 공돈 통장으로 입금했다.

또다시 기회를 기다렸다. 잃지 않는 투자가 목적이기에 내가 원하는 가격으로 하락할 때까지 기다렸다. 역시 기회는 다시 왔다. 이번에는 미국 배당주와 연관된 주식으로 골라 며칠을 기다렸다. 이번에도 성공이었다. 10%가 상승해 역시 매도했다. 공돈 통장으로 또다시 입금했다. 주식이 이렇게 재미있는 투자였던가? 시총 높은 주식이니 안전하고 투자금이 작으니 불안도 덜했다. 또다시 기회를 엿보았다. 주식으로 소소하게 용돈을 버는 중이다.

노후에 연금처럼 쓸 돈을 식비로 다달이 모아 배당주로 투자하는 소소한 기쁨을 누리기 위해 돈 공부를 하기 시작했다. 지난날처럼 앉아서 당할 수는 없기에. 주식은 우리 같은 개미들은 외인이나 기관을 이길 수 없다. 테마주나 시총 낮은 주식을 사면 안 된다는 걸 몇 번의 주식 손실로 이미 알고 있었다. 주식은 싸게 사서 비싸게 파는 것이다. 차트나 기업 실적도 중요하지만 쌀 때 들어가서 기다리면 된다는 걸 요즘 젊은 세대가 더 잘 안다.

월급으로 적금만 들며 부자를 꿈꾸는 세상은 쉽지 않게 됐다.

50대에 도전해서 부자 되는 법

1,000만 원까지는 적금으로 모아야 한다고 귀에 딱지가 앉도록 들었다. 그 후부터는 조금씩 투자해야 돈이 빨리 늘어난다. 시총 높은 주식이나 펀드를 소액으로 접근하는 것도 나쁘지 않다.

다시 시작한 미국 배당주와
달러, ETF 투자까지

식비 아낀 돈을
미국 배당주에 투자하다

이제는 식비를 아껴서 미국 배당주에 투자하고 시총 높은 국내 주식도 투자하고 있다. 절약하기로 마음먹은 후 가장 먼저 식비부터 아끼기로 했다. 35만 원의 식비로 한 달을 살려면 2인 가족도 쉽지 않다. 4인 가족일 때부터 식비를 하루 1만 원, 일주일에 7만 원으로 살아왔다. 80만 원이었던 식비를 40만 원으로 줄이고 남은 40만 원을 미국 배당주에 투자했다. 주식도 공부해야 하는 건 맞지만 싸게 사는 방법이 최고다. 누구나 다 아는 사실이다.

　　　　　　　　　　　　　　　　　　　　50대에 도전해서 부자 되는 법

그보다 더 중요한 건 요즘 같은 위기가 왔을 때 저평가 주식을 찾아내는 것이다. 주식도 욕심을 부리지 않으면 부자가 되기 위한 과정에 함께 가야 할 동반자라고 생각한다. 소액으로 접근하며 장기로 가져가기에 이만한 효자도 없다. 노후를 위해서 꾸준하게 공돈이나 부수입으로만 모으는 중이다. 어느 정도 수익이 나면 매도하는 걸 원칙으로 이미 학습을 통해 배웠다.

국내 주식으로 투자를 학습한 나는 식비를 아낀 돈은 없는 돈이라고 생각하고 미국 배당주에 투자했다. 배당주란, 정기적으로 기업의 수익을 받는 주식이다. 미국 주식을 사 보려고 하는데 해외 계좌를 개설하는 것부터 난관에 부딪혔다. 국내 주식은 조금씩 해 봐서 어려움이 없었는데 해외 주식은 뭔가 어렵게만 느껴졌다. 증권회사로 전화해 물어보며 어렵게 계좌를 만들고 배당 성장주에 첫 투자를 했다. 내가 투자한 종목은 테슬라, 애플, 스타벅스다. 1년에 네 번의 배당금도 있는 효자 종목이다. 소액으로 배당 성장주에 속해 있는 주식을 사면 배당금도 쏠쏠하게 나온다. 매달 40만 원을 투자하며 플러스가 되기를 기다렸다. 350만 원을 투자했을 때 투자 종목이 수익으로 바뀌었다. 그 후로도 매달 40만 원씩 배당주에 꾸준히 투자하고 있다.

미국 배당주에 투자하려면 우선 해외 주식 계좌를 개설해야 한다. 증권사를 방문해도 되고, 모바일로 증권사 앱을 다운받아 개설

할 수 있다. 증권용 공인 인증서도 발급받아야 한다. 계좌를 만들었다면 매수할 종목을 '관심 종목'에 등록한다. 나는 배당 성장주를 택했다. 그다음에는 원화를 달러로 환전해야 한다. 미국 주식은 미국과 한국의 시차로 인해 밤에 거래하지만, 예약 주문 기능을 이용하면 된다.

초보자는 연습 삼아 1~2주씩 사서 거래해 봐도 좋다. 자신이 좋아하는 제품이 어디 회사의 것이고, 우리 주변에서 많이 쓰는 제품은 어디에서 생산될까? 우리가 즐겨 마시는 스타벅스 1주로 시작해도 된다. 주식이 1주라도 있어야 작은 돈으로 환전, 매수, 매도도 해 보고 사고팔고 하면서 공부가 된다. 단, 해외 주식 계좌를 개설하기 전 배당주에 관한 관련 책을, 미국 주식이 처음이라면 미국 주식 관련 책을 몇 권 읽고 시작하자.

가계부 모임에서는 경제 공부도 같이했다. 그때 '인베스팅닷컴'이라는 어플을 알게 됐다. 코스피 지수, 코스닥 지수, 다우 지수, 각 나라의 주가 지수나 환율, 유가, 원자재 등을 볼 수 있다. 나라별로 실시간으로 조회하는 사이트다. '인베스팅닷컴'의 조회 서비스는 나라별로 변동률을 실시간 조회할 수 있다. 나는 가계부를 쓸 때 매일 코스피, 코스닥, 다우지수, 달러, 유가 가격을 기록해 놓는다. 매일 적으니 오름세, 내림세를 정확히 알 수 있다. 해외 주식을 할 때 기업에 대한 정보를 구할 때는 '야후 파이낸스'를 사용한다.

노후 자금으로 클 씨앗을
종류별로 심자

나의 노후 자금이 돼 줄 씨앗을 매달 조금씩 돈을 꾸준히 미국 배당주에 투자하고, 환율을 체크하며 달러에 투자하면서 꾸준히 돈 공부를 한다면 얼마나 멋진 일인가? 내가 돈을 좋아해야 돈도 나를 좋아한다. 노후를 위해 연금에 가입하듯이 노후에 쓸 자금을 배당주로 모으고 있다. 그중 배당왕이라고 불리는 주식에 넣는다. 배당왕은 50년 이상 된 기업을 말한다. 안정적으로 꾸준히 배당해 오는 기업을 찾아 투자하자. 코카콜라나 존슨앤드존슨 등이 있다. 높은 배당보다는 안정적인 배당주다. 꾸준히 10년을 모은다면 노후에 쓸 돈이 생기지 않을까 기대하며 주식 공부도 게을리하지 않는다. 1년에 네 번 나오는 배당금 투자와 환차익을 활용해 보길 권한다.

누구나 자신에게 맞는 투자법이 있다. 부동산이 오른다고 모두 부동산으로 돈을 벌지 않는다. 최근 들어 미국 달러는 많이 오름세다. 처음 투자할 당시는 3년 전 1달러당 1,070원 정도로 최저치였다. 달러를 공부했다기보다 여행 갈 때 환전해 쓰려고 예금 통장에 넣어 놓은 것이 시작이었다. 달러 예금 통장은 은행에서 손쉽게 만들 수 있고 소액으로 접근하기도 좋아 투자하기가 좋다. 달러에 투자할 수 있는 여러 가지 방법이 있다. 나는 달러 예금과 미국 배당주에 투자한다.

달러에 투자해 보니 주식이 내려가면 달러가 오른다는 걸 알 수 있었다. 달러 매입은 본인의 기준이 있어야 한다. 달러 투자는 꾸준히 모아 가기에 좋은 자산이다. 외화 통장은 은행에서 가입하며 달러로 바꾸어 입금한다. 떨어질 때마다 꾸준히 넣는 방법도 택했다. 환율이 오르면 자신만의 기준을 두어 목표치에 도달하면 환차익을 볼 수 있다. 예를 들어 '1달러에 1,115~1,200원 안에서 달러를 매수하고 1,300원이 되면 매도한다'는 기준을 정한다면 7% 이상의 수익률이 된다. 환차익이 목적이면 수시로 입출금되는 보통 달러 외화 통장이 좋다. 주거래 은행에서 개설하면 환율 우대를 90%까지 해 주는 곳이 많다.

요즘 또 하나의 관심사는 달러 ETF다. 펀드인데 주식처럼 거래할 수 있는 투자 상품이다. 펀드와 같지만, 주식의 장점을 추가해 놓은 것이다. 펀드와 비교해 수수료가 저렴하다. 실시간 매매가 가능하며 개별 종목이 아닌 상품 지수나 시장 지수에 투자한다. 증권사에서 통장 개설 후 ETF를 매수했다가 빠르게 매도할 수 있다. 달러 ETF는 증권 계좌만 있으면 투자할 수 있다. 공격적인 투자 방법이며 인덱스 펀드와 비슷하다고 볼 수 있다. 매수, 매도를 손쉽게 할 수 있는 장점이 있다. 사람들이 가장 선호하는 투자이기도 하다.

달러 ELS는 가입 기간 중 달러가 오름세여야 환차익이 생긴다. 오래 묶일 수도 있다는 게 단점이다. 달러 연금은 달러로 투자해서 달러로 연금을 받는 것이다. 일시납 상품이다. 또한 미국 주식 투자는 달러로 주식은 달러가 오르면 환차익까지 생기는 투자 상품이다.

내렸던 금리가 다시 올라갔다. 이제는 자산을 지키는 투자로 바뀌고 있다. 달러는 금과 함께 안전 자산에 속한다. 나는 수익이 나면 수익금만 꺼낸다. 또 다른 파이프라인을 위해 수익금으로 재투자한다. 복리로 자산이 늘기에 금융 자산으로 운용하고 있다. 그동안은 부동산 투자에 집중했다면 앞으로는 금융 공부를 더 해서 잃지 않는 투자자로 거듭날 것이다.

5장

아직
하지 않았을 뿐
못할 것은 없다

돈과 활력이 넘치는 삶을 사는 법

당신의 50대는
당신의 부모와 다르다

50대에도
절대 늦지 않았다

내가 글을 쓰기로 한 건 나처럼 노후 준비를 못 한 사람들이 많이 있겠다는 생각이 들어서다. 50대에 시작해도 늦지 않았다는 걸 보여 주고 싶었다. 50대 이상, 특히 60대 이상인 분들은 대부분 현재의 상태를 바꿔 보려는 어떠한 노력도 없이 살아간다. 노후 준비가 안 된 채 은퇴하면 자녀에게 기댈 수밖에 없다. 하지만 요즘 젊은이들은 자기 밥벌이하기도 힘들다. 심지어 연애, 결혼, 출산을 포기한 3포 세대를 넘어, 집과 경력까지 포기한 5포, 취미와 인간관계까지 포기한 7포, 건강과 외모도 포기한 9포 세대라고 하는데 어떻게 부모 봉양까지 시키겠는가.

실제로 세대의 간극으로 인해 부모와 자식 간의 사이가 틀어지는 경우도 메스컴을 통해 우리는 잘 알고 있다. 이런 노후가 나에게도 닥칠까 봐 두려웠다. 취업도 어려운 요즘 자식이 우리의 노후를 봉양해 줄 거라는 생각은 내다 버려야 한다. 출생률도 줄어들고, 국민연금도 고갈되어 1990년생부터는 연금을 받지 못할 수도 있다고 한다. 얼마 안 되는 젊은이들의 세금으로 수많은 노인에게 연금을 줘야 하는 때가 곧 올 것이다. 아니 이미 오고 있다. 50대 이상인 분들에게 말하고 싶다. 지금의 우리 세대는 자녀에게 기대면 안 된다고 말이다. 이런 사실을 인지하고 난 후부터 자녀 교육으로 노후 준비를 못 했던 나는 두려움을 느끼며 빈곤층이 되지 않으려고 행동하고 있다.

이제는 자식보다 돈을 키워라

노후 준비를 못 한 이유가 나처럼 자녀 교육 때문인 경우도 있을 것이다. 대한민국 부모들의 자녀 교육비 지출이 세계에서 1위다. 자녀 교육비를 대느라 노후 준비를 못 한 부모들을 여럿 보았다. 나도 자녀 교육비가 매달 수백만 원씩 들어가다 보니 사는 집을 매도해야 하는 상황이 생겼고 대출도 생겼다. 정신을 차리고 보니 내 나이는 이미 50대가 됐다. 현명한 분들은 자녀 교육을 적당히 하거나 꼭 필요한 부분만 해서 자산을 지키곤 하던데 나는 그러지 못했다. 대출 많은 집 한 채도 언제 없어질지 모른다는 두려움에 잠이 오지 않았다. 걱정은 했지만, 노후 준비의 방법을 잘 몰랐다. 그저 저축해야 한다는 생각만 있었다. 조금씩 주식이나 펀드도 했지만 부자가 되기에는 어림도 없었다.

훗날 노후에 아이들에게 손을 벌릴 수는 없다. '너희 교육하느라 돈을 다 썼으니 갚으라'고 할 수도 없지 않겠는가. 자녀에게 부담을 주기 싫었기에 어떻게든 부자가 돼야 했다. 지금 이대로 살다가는 앞날이 어찌 될지 불 보듯 뻔했다. 대출 많은 집 한 채만 갖고 은퇴한다면 더 작은 집으로 가거나 팔아야만 생활이 될 수 있을지도 몰랐다. 모든 것이 두려워져 인터넷을 켜고 검색하기 시작했다. 성공한 사람들을 벤치마킹하려고 노력했고, 그 사람들이 왜 성공할 수밖에 없는지 이유를 분석했다.

나는 크게 성공한 사람이 아니라 지금 성공으로 발돋움하는 사람들을 주로 따라 했다. 돈을 무조건 아끼는 방법은 피했는데 처음에는 성공할지라도 오래가지 못할 것을 알았기 때문이다. 우리 부부는 마음속에 부자가 되고 싶다는 욕망을 갖고 차츰 하나씩 방법을 알게 된 후 즉시 실행했다. 독서와 공부를 하며 배운 걸 즉시 실행하니 속도가 붙었다. 이렇게 재미도 느껴가며 시작한 지 1년이 반이 넘어간다.

'5년 안에 부자 되기'라는 큰 목표를 정해 놓고 달려가던 중 자기 계발 강의를 듣고 목표 기간을 3년으로 바꿨다. 1년 반이 지난 지금은 전자책 세 권의 저자가 되고 터전을 바꿔 가며 부동산을 3채로 만들었다. 내가 가장 자신이 있는 적은 식비로 밥상 차리기 프로젝트를 진행하며 더는 육체노동으로 일하지 않아도 200만 원이 넘는 수입을 창출할 수 있게 됐다.

유튜브와 스마트 스토어도 도전했고, 새마정과 다꿈스쿨에서 강의를 한 이력도 생겼다. 내 경험이 다른 누구, 특히 40대 후반이나 50대 이상 분들에게 도움이 됐으면 하는 마음이다. 돈이 없는 50대도 절대 늦지 않았음을 보여 주고 싶다. 많은 분에게 희망이 되면 좋겠다. 나도 대출 많은 집 한 채와 적은 월급으로 시작했다. 심지어 코로나19로 실업자가 됐다. 그런데도 공부하고 실행하니 가능했다. 50대 나이는 무엇을 시작하기에 늦었을까? 60대인 분들은 무언가를 시작하기에 앞서 '10년만 젊었으면' 할 것이다. 그 10년 젊은 나이가 바로 50대다. 70대의 10년 전은 60대다. 그렇기에 나는 60대여도 실행했을 것이다. 늦었다고 생각할 때가 가장 빠를 때라는 말도 있지 않은가? 우리 모두 가능하다.

50대에 도전해서 부자 되는 법

부자가 되는 데 기한을 정하라

인생의 목표는 좋은 회사에 지원서를 낼 때처럼 약속을 지켜라

인생 목표를 정하면 다음 순서로 목표의 기한을 정해야 한다. 목표의 기한에는 힘이 있다. 기한을 정해서 시작하면 빠른 시간 안에도 성공할 수 있다. 아무런 기약 없이 목표를 세워 두기만 하는 것보다 기한을 정하면 목표를 달성하기 위해 스스로 노력하게 된다. 나는 정해 놓은 기한은 무슨 일이 있어도 지킨다.

예를 들어 한 달간의 기한을 두고 전자책을 쓴다면 주제와 목차를 먼저 정하고 하루에 2장씩 매일 글을 쓴다. 45~50장 정도의 분량을 다 채우면 사진을 정리해서 넣는다. 오타를 수정하는 시간을 3일 정도로 생각하고, 겉표지나 상세 페이지 등에도 신경을 쓴다. 전자 책 판매 사이트에서 한 번에 승인을 받으면 좋지만 그러기는 어려우니 나머지 10일은 여유롭게 비워 둔다. 두세 번 승인이 거절될 것까지 포함해서 마감 기한이 한 달인 것이다. 이렇듯 기한을 정해 놓는 습관을 지니면 나 스스로가 어떻게든 목표를 달성하기 위해 실천하게 된다.

사실 어느 것에든 기한은 다 정해져 있다. 예컨대 입사 지원서를 내는 데도 기한이 있다. 좋은 회사에 입사 지원서를 낼 때 마감 날짜를 지키지 않을 사람이 있을까? 아마 한 명도 없을 것이다. 무슨 일이 있어도 지킨다. 이와 마찬가지로 구체적인 목표와 더불어 기한도 구체적으로 설정하고 지키려 노력하며 실천한다면 목표를 이룰 가능성이 커진다.

목표를 이루면 성취감이 생기고, 한번 맛본 성취감은 또 다른 목표를 설정하는 데 큰 도움이 된다. 혹시 목표 달성 기한을 정했는데 못 지켰다면 연기하면 된다. 한 번에 지키면 좋겠지만, 변수가 생기기 마련이다. 아플 수도 있고 피치 못할 사정이 생길 수도 있다.

하지만 꾸준히 그리고 최선을 다해야 한다. 일주일에 책을 2권 읽기로 정했다면 새벽 시간에만 읽는 것으로는 시간이 부족할 수 있다. 이럴 때는 목표를 지키기 위한 최선의 노력을 해야 한다. 틈새

50대에 도전해서 부자 되는 법

독서라고 해서 점심시간이나 대중교통으로 이동하는 시간에 틈틈이 책을 읽는다면 독서할 시간을 충분히 확보할 수 있을 것이다. 잠자기 전에도 시간을 내어 독서한다면 일주일에 2권이라는 목표와 기한을 분명 지킬 수 있다.

부자의 길로 가기 위해 줄을 섰으니 가능한 한 모든 일에 마감 기한을 정해 놓고 실행해 보자. 식비 절약도 일주일이 기한이다. 일주일에 7만 원만 쓰기로 했다면 어떠한 유혹이 와도 7만 원만 써야 한다. 4인 가족이 충분히 살 수 있는 금액인데 사람들은 시작부터 겁을 낸다. 일주일 식단을 짜서 기한을 지켜서 주간마다 결산하고, 한달이라는 기한을 정해서 월말 결산을 하면 누구나 자기 돈의 주인이 되어 잘살 수 있다.

인생의 목표도 평생 지키라면 아무도 못 지킨다. 하지만 마감 기한을 정해 1개월부터 도전하고 6개월 도전, 1년을 도전하다 보면 성과가 보인다. 성취감도 느껴지고 또 도전해 보고 싶어진다. 나 역시 그랬다. 3년이나 5년의 목표라는 기한을 정해서 실천한다면 성공률은 높아진다. 마감 기한의 목표 날짜를 크게 써서 벽에 붙여 놓는 방법을 권한다. 나 역시 이 방법으로 많은 일에 도전하고 있다. 눈에 보이게 최대한 반듯한 글씨체로 정확한 연도, 월, 일까지 적어 놓고 실행한다면 이루어질 수밖에 없다. 나 자신을 믿어 보자.

'2022년 2월 28일까지 네 번째 전자책을 출간했다.'

'2022년 6월 30일 식비 프로젝트가 브랜딩이 됐다.'
'2022년 9월 30일 경매로 상가 낙찰을 받았다.'

나의 2022년 목표의 마감 기한이다. 예쁜 손글씨로 목표와 날짜까지 써 놓고 눈으로 확인하면서 실행하다 보면 내가 적어 놓은 기한보다 훨씬 빠른 속도로 이루어지는 경우도 많았다. 목표뿐 아니라 하루 루틴에도 시간을 정해 놓자. 나는 시간을 쪼개 쓰며 인생에서 가장 바쁜 시간을 보내고 있다. 부자의 여행을 이미 시작한 나는 마감 기한을 지키며 부자로 향해 걷고 있다.

원하는 것은 100번씩 써라,
자기 확언의 힘

나는 밤이 긴 겨울은 새벽 시간에 독서를 하는 것이 가끔은 졸리기도 해 감사 일기를 많이 쓴다. 감사 일기를 쓰는 습관도 지녀 보면 좋다. 길게 쓰지 않고 하루 세 줄 정도만 써도 충분하다. 정 쓸 이야기가 없는 날에는 '오늘 하루를 시작함에 감사하다'라도 써 넣으면 정말 하루가 감사해짐을 느낀다. 감사 일기를 썼을 때 나타나는 효과도 크다. 일단 내가 긍정적인 사람으로 변한다. 특히 메모의 힘은 정말 크다. 쓰면 이루어진다는 말이 있듯이 감사 일기는 나의 자존감도 높여 준다.

감사한 마음을 100번씩 매일 종이에 쓰면 어떤 일이 일어날까? 뇌가 적응되어 매일의 삶에서 감사할 일을 만든다. 진정으로 감사함을 느낄 때 나의 몸과 마음이 편안해지기 시작한다. 부자가 되기 위한 시작은 나 자신부터 사랑하고 칭찬하는 것부터라고 생각한다. 감사함을 적을 때 무엇 '때문에'가 아니라 무엇 '덕분에'라고 쓰는 것이 좋다고 배웠다. 의심하지 말고 100일 동안 감사 일기를 써 보자.

자신이 원하는 것, 즉 자기 확언을 매일 문장으로 100번씩 쓰면 원하는 것을 더 빠르게 이룰 수 있다. 나는 기적을 여러 번 맛봤다. 나는 자기 확언을 보이는 곳에 큰 글씨로 적어 놓았다. 하드보드지에 매직으로 적고 10번씩 외치면 마치 벌써 이루어진 느낌을 받는다. 처음으로 적은 확언은 목표치가 너무 높았다. 그럼에도 공표하고 행동하니 기적처럼 이룬 것도 많다. 이제는 가족도 자기 확언을 적는다. 목표를 정하고 목표에 정성을 들이면 나 스스로 행동하게 된다. 행동만이 방법이다. 자기 확언의 힘은 크다. 목표에 시간과 에너지를 쓰면 반드시 이루어진다는 마법을 경험했다.

종잣돈 없이 아파트를 매수할 때도 "2020년 6월에 아파트 1채를 매수했다"라고 자기 확언에 적었다. 그때가 5월이었다. 어떻게 매수할 것인지를 고민하고 스스로 방법을 끊임없이 찾았다. 자기 확언의 힘이 주는 강력함이 있다. 지금 당장 펜을 들고 자기 확언을 쓰고 그것을 100번 쓰기도 해 보자. 단 10자가 넘어가면 100번씩 쓰기가 힘드니 처음에는 짧게 쓰는 것이 좋다. 우리가 밥을 먹듯이 습관처럼 적어 놓으면 기록하는 습관이 몸에 밴다. 기록의 힘을 믿어 보자.

새로운 시작이 두려운 나이다. 그럼에도 '나는 할 수 있다'고 끊임 없이 외쳤다.

당신의 현재 모습은
스스로 선택한 태도다

조금만 더 젊었다면,
하는 그 나이가 지금이다

50대에 부자가 되고자 굳게 마음은 먹었지만, 용기를 내기 전까지 행동으로 옮기기가 쉽지 않았다. 하루에 해야 하는 공부와 글쓰기의 양이 나에게는 벅찼다. 시작할 때 나는 이를 악물고 자존심과 두려움을 내려놓았다. 주위에서 50대는 이미 늦었다고 말하는 이도 있었지만 나는 딸아이의 눈물로 시작했고, 기필코 버텨 냈다. '내가 10년만 젊었더라면 어땠을까? 뭔가 이루기에 좀 더 빠르지 않았을까?' 싶지만, 아마도 10년 전에는 실행하지 못했을 것이다. 50대인 지금이라서 실행할 수 있었다고 생각한다. 10년 후에 나는 서 여사에게 '50대 인생을 멋지게 살았다'고 말해 주고 싶다.

50대는 꿈의 두드림을 시작하기에 가장 좋은 나이다. 아이들도 커서 교육비에서 벗어날 시기이기에 인생을 바꾸기에 좋은 시기다. 나는 내 꿈이 이루어졌을 때를 상상해 본다. 그러니 무엇이든지 두드려 보자. 상상만으로도 마치 이미 이루어진 것처럼 설렘으로 기분이 좋아진다. 목표는 한 가지로 정해 꾸준히만 하면 된다. 꾸준히 하려면 혼자보다는 함께하는 힘이 크기에 결이 같은 사람들과 시작하면 도움이 된다. 동기 부여도 되고 힘도 받으며 오래갈 수 있는 비결이다.

당신이 지금 시작을 두려워하는 50대라면 용기 내 시작해 보라고 응원해 드린다. 노후 준비가 불안하다면 책 읽기와 식비 절약을 시작해 보자. 안 하는 것뿐이지 못 하는 건 세상에서 아무것도 없다. 누구나 충분하기 때문이다. 절약이 어려운 분은 수입을 늘리는 방법이 있다. 맞벌이하거나 투잡으로 목돈을 모으면 된다.

누구나 태도는 자신이 선택할 수가 있다. 꼭 열정이 넘치고 절실해야만 선택할 수 있는 것은 아니다. 자기 계발 시간을 도저히 낼 수 없는 사람도 많다. 하지만 하루에 단 1시간만이라도 독서나 강의, 또는 운동에 집중하고 꾸준히 실천한다면 이 자체가 성공이다. 유튜브나 블로그에도 유용한 정보가 많이 있다. 그래서 나는 인터넷 검색을 하거나 무료 강의, 필요하다면 유료 특강을 통해 많은 정보를 얻었다. 50대 이상 중에는 인터넷 도구 사용이 어려운 사람이 많다. 나 역시 기초적인 것도 하나도 몰랐다. 이런 분들에게는 자녀 찬스가 도움이 된다. 하나씩 배워 가는 재미도 생긴다. 어르신들이 늦게 공부하는 재미에 푹 빠져 있는 느낌을 나도 알 것 같다.

행동은 조건을
뛰어넘는다

살면서 극도의 집중과 몰입을 했던 순간이 있다. 지금보다도 열정이 넘쳤던 시절에 강의를 수강하고 부동산 공부를 하며 밀도 있게 집중했던 시간이다. 다시는 부동산 투자를 실패하지 않기 위해 끊임없이 배우러 다니고 책을 읽었다. 읽은 책이 150권은 족히 된다. 절약 생활을 하면서도 책을 사는 비용은 아끼지 않았다. 내면의 그릇을 키우고 있다. 매점 이모 시절에는 자존감이 바닥이었고 자존심만 내세울 정도로 내 생활은 엉망이었다. 사는 게 매일 고되고 힘들었다. 태도를 바꾸니 땅바닥에 처박혔던 자존감이 올라오기 시작했다. 단지 용기를 냈을 뿐인데 할 수 있다는 자신감이 생겼다.

반짝거리는 삶이 시작됐다. 맞벌이하지 않아도 되는 시간 부자가 됐고, 돈에 여유로움이 생겼다. 나가서 일하지 않아도 맞벌이 효과가 나왔다. 조금씩 내 돈이 돈을 벌기 시작했다. 시간 부자가 되니 삶이 여유로웠다. 특별한 추억을 만들고자 50대 중반 나이에 남편과 달리기 시작했다. 더는 내가 뛸 수 있을까에 대해 의심하지 않았다. 선택했으니 그냥 하는 것이다. 두 달 전에는 뛰는 것을 상상도 못 했다. 허벅지에 근육이 생기고 체력이 좋아졌다. 소파와 한 몸이 되어 누워 있던 삶을 박차고 일어나 운동하는 삶으로 바꿨다. 딸 부부와 우리 부부는 2021년 12월 3일 가족 바디 프로필을 찍으며 또 하나의 추억을 만들었다. 부모와 자녀 부부가 함께 온 건 처음이라고 스튜디오에서도 놀라워했다. 우리 부부는 57세, 55세다. PT를 받고 근력 운동도 했다. 이 역시 블로그에 공표하고 이웃님들의 응원을 받았기에 달성이 가능했다. 무엇이든 뾰족하게 목표를 세우고 종이에 적고, 행동하면 된다. 내 삶은 내가 선택하는 것이다.

누구나 부자가 되고 싶어 한다. 실행하는 사람과 안 하는 사람이 있을 뿐이다. 부자가 되고 싶다고 생각만 가진다면 소용없다. 부자가 되기 위한 세 가지 키워드는 새벽 기상, 식비 절약, 블로그 쓰기다. 새벽 기상에 대해서는 계속 이야기했다. 식비 절약에 관해서 이야기해 보자면 절약이라는 단어를 들으면 괜히 '궁상'이라는 단어가 떠오른다. 생활에 찌들어 사는 구질구질한 이미지라 생각하지만 요즘 트렌드는 바뀌었다. 무조건 안 쓰는 것만이 절약이 아니다. 합리적인 소비로 절약하는 것이다. 카페를 가더라도 쿠폰을 이용한다든지 식비를 줄여서 하고 싶은 일을 한다든지 등의 소비로 현명하게 사는 사람이 많은 세상이다. 식비 절약을 시작한 것도 내가 선택할 수 있는 나의 태도였다.

자기 계발 강의를 열심히 들었던 시기에 멘토인 청울림 선생님과 사진을 찍으며 올해 이뤄야 할 목표가 세 가지라고 말씀드렸다. 선생님은 용기가 대단하다며 꼭 이루어 보라고 응원과 격려를 해 주셨다. 목표를 향해 극도의 몰입과 집중을 했던 시간은 이때부터 시작이었나 보다. 매일 글을 쓰며 콘텐츠 만들기에 집중했다. 콘텐츠도 더 발전할 수 있도록 공부를 게을리하지 않았다.

시간 관리도 나의 선택이다. 나의 계획을 바꿨다. 하루를 체계적으로 계획 세워 시간을 관리했다. 또한 성공하려면 배움도 꾸준해야 한다는 걸 느꼈다. 찾아보면 무료 강의도 많다. 유튜브에도 있고 카페에 가입 후 들을 수 있는 무료 강의도 있다. 이런 강의를 잘 활용하면 자기 계발 하는 데 큰 도움이 된다. 남편은 내가 강의를 듣거나 강의실에 다녀오면 얼굴에서 빛이 난다고 했다. 그만큼 집중하며 열심히 하고 있다는 증거라며 무한한 칭찬을 해 준다. 그런 남편이 있기에 매일 힘을 낼 수 있었다.

내 몸에서 꿈틀거리는 무언가가 느껴진다. 무엇일까? 무엇이 내 안에서 꿈틀거리고 있을까? 열정이 아닐까 생각이 들었다. 50대에도 얼마든지 가슴이 뛴다. 설렌다는 감정은 이성 간에만 국한되는 것이 아니다. 무슨 일을 시작하고자 할 때도 설렘이 있다. 1년 반 전만 해도 상상조차 하지 못했던 일들이 지금 나에게 일어나고 있다. 멘토들이 알려 준 대로 실행했을 뿐인데 내 습관이 바뀌었고 나의 가치가 올라갔다.

60대의 나는 어떤 삶을 살고 있을까?

50대 중반인 나는 더 이상 나이 먹는 것이 두렵지 않다. 서 여사는 60대에도, 70대에도 멋진 인생을 계속 두드리고 있을 테니까.

배움을 우선순위로
두어야 하는 이유

성공하는 데는
나이 제한이 없다

나의 하루는 고3 수험생만큼 바쁘다. 수험생과의 비교는 말도 안 되겠지만 그만큼 바쁘게 살아가고 있다. 코로나19로 실업자가 되어 좌절했었고 걱정도 많았다. 50대에 닥친 위기를 기회로 만들 수 있었던 것은 꾸준한 독서를 통해 가능했다. 또한 멘토를 만나지 않았다면 이렇게 변할 기회가 오지 않았을지도 모른다. 내가 처음으로 시작한 배움은 새벽 기상이었다. 새벽에 일어나 책을 펴고 공부한다는 걸 이전에는 상상할 수가 없었다.

2년이 되어 가는 지금도 새벽 기상이 쉽지는 않다. 달리기를 매일 하는 사람이 매일 뛰어도 힘든 것처럼 알람 소리를 듣는 순간부터 갈등이 시작된다. 하지만 일부러 잠자리에서 멀리 놔둔 알람을 매일 씩씩하게 끄러 일어난다. 남편도 스스로 새벽 5시에 일어나는 걸 보니 나의 변화에 가족도 물들어 간다는 것을 느끼는 요즘이다.

우리 집은 이제 텔레비전을 끄고 독서와 경제 신문을 읽는 것이 풍경이다. 연간 2개의 오프라인 강의를 듣고 100권의 책을 읽으며 매년 전자책을 출간하는 것이 앞으로 3년간의 목표다. 부동산은 평생 해야 할 공부이기에 매일 조금씩 하고 있다. 친구들과 만나 밥을 먹고 수다를 떠는 것이 일과의 전부였던 나를 바꿔 가는 중이다. 나의 인생 목표는 2023년까지 경제적 자유를 이루는 것이다. 아직 1년 반밖에 지나지 않았는데 벌써 소중한 경험을 해 봤고 이룬 것도 있다. 이 중에 가장 크게 이룬 것은 글쓰기다. 좋은 작가님을 만나 글쓰기를 시작했다. 전자책은 이미 3권을 출간했다.

수많은 책을 읽고 인생의 키워드를 찾았고, 미래 일기를 써 보며 나는 '이렇게 될 것이다'라는 희망을 얻는다. 작심한 자에게 불가능이란 없다. 열정만으로 본다면 나는 30대이기에 하루하루를 충실히 살고 있다. 남편은 새벽 기상을 통해 내가 많이 바뀌었다고 했다. 능동적으로 변했고 자신감도 커졌다고 좋아한다. 1년 반 전의 삶으로 돌아가지 않기 위해 과거의 나를 버리고 게으름과 굿바이했다.

생산자의 삶으로 거듭나려고 준비 중이다.

50대라고 겁내지 않았다. 〈내 나이가 어때서〉란 노래가 있듯이 50대도 부자가 될 수 있다. 1년 6개월 전 나는 비전 보드에 투자 아파트 1채 매수하기, 책 쓰기와 50~60대에게 희망을 주는 강사 되기라고 써 놓았었다. 1년 반이 지난 나는 종잣돈이 없음에도 아파트를 매수했고 글을 쓰고 있으며 강의도 했다. 비전 보드에 써 놓은 목표가 모두 이루어진 셈이다. 부자가 되기로 마음먹은 이후 '내가 10년만 젊었다면' 하는 순간도 참 많았다. 하지만 10년 전 과거로 돌아갔다고 해서 지금만큼의 열정을 갖고 살았을까? 아니다. 지금이기에 가능했고 지금만이 가능하다.

삶을 열정적으로 살아보고 싶고, 부자가 되고 싶다면 이불 속에서 당장 나와 책을 읽어 보라고 추천한다. 나도 처음에는 눈으로 글자만 읽었다. 가방 속에 책을 들고 다니며 틈틈이 하는 틈새 독서도 좋은 방법이다. 하루에 10페이지만 봐도 좋다. 책 속에 모든 답이 있다는 걸 다들 알고 있지만, 실천이 안 된다. 나 또한 50대 중반을 살면서 이제야 시작했다. 다꿈스쿨의 청울림 대표가 항상 하는 말이 있다.

"시작하고 발사하라, 매일 하는 것이 나를 만든다."

부자가 되기로 공부를 시작하면서 나 자신과 약속한 것이 있다.

'배운 건 무조건 실행하자. 공언하고 실행하자. 그리고 의심하지 말고 시작하자.'

나는 실행력을 높이기 위해 의도적으로 남들에게 미리 말을 해 놓고 지키기 위해 꼭 실행에 옮기고 있다. 배움에 우선순위를 두고 많은 강의를 듣는다. 나는 오늘도 배우며 산다.

우리 부부가
노후 준비하는 방법 세 가지

가계부 모임을 할 때 멘토가 회원들에게 내준 과제가 있다. '나는 왜 부자가 되려고 하는가?'의 이유를 적어 오라고 했다. 과제를 내 준 날 나는 왜 부자가 되고 싶은지를 깊이 생각해 보게 됐다. 그리 고 다섯 가지 이유를 찾아냈다.

첫 번째, 10년 후를 그려 보니 10년 후에도 여전히 나는 아프더라 도 일을 해야만 먹고 살 수 있기 때문이다. 자녀 교육으로 돈을 모 을 수가 없었다. 있던 집도 팔았고 오피스텔도 팔았다. 노후는 꿈도 못 꿨다.

두 번째, 노후에 병원 갈 돈 없어 아픈 걸 참고 숨겨야 하는 일이 없어야 하기 때문이다. 엄마가 돈 때문에 아픈 병을 숨기다 결국 돌 아가셨다. 내 나이가 엄마 나이와 같은 49세가 됐을 때 뭔지 모를

50대에 도전해서 부자 되는 법

두려운 1년을 보냈다.

세 번째, 자녀들이 결혼할 때 상대 부모와 비교해 돈이 없다는 것이 창피하기 때문이다. 그로 인해 우리 아이들이 상처받을까 두렵기 때문이다.

네 번째, 결혼 후에도 쉬지 않고 맞벌이를 했음에도 지금 내가 병에 걸리면 대출금 많이 남아 있는 집 한 채를 팔아야 하기 때문이다. 나는 재테크보다 엄마가 일찍 돌아가신 이유인 암 때문에 건강만 염려하며 살았다. 그렇다고 건강한 것도 아니다. 고혈압으로 평생 약도 먹는다.

마지막으로, 멘토의 부자가 되려는 이유 중 하나를 보는 순간 뒤통수에 망치를 맞은 느낌을 받았다. 내 경우가 될 수도 있다. 자식이 돈 없는 부모가 돈 달라고 연락할까 봐 연락을 외면하고 피하고 등 돌리는 그런 슬픈 일이 일어나면 안 되기 때문이다. '내 자식이 그럴 리는 없을 거야'라고 생각했다가 바로 '그럴 수도 있겠다'는 생각이 더 크게 들었다. 마음이 나빠서가 아니다. 상황이라는 게 닥쳐 밑 빠진 독에 계속 물 붓는다면 서로 고통스러운 일이다. 이것만은 꼭 방지하고 싶다.

왜 부자가 돼야 하는지를 적어 보니 비로소 우리 부부가 어떻게 노후를 준비해야 하는지 방향이 잡혔다. 무작정 부자가 되고 싶다는 것보다는 왜 부자가 돼야 하는지 명확한 목적의식이 먼저다. 내가 10년 후면 60대 중반이다. 아파도 일을 해야 할까 봐 정말 두렵다. 당장 우리 부부만의 노후 준비 계획을 세웠다. 3년 안에 경제적 자유를 이루기 위해 남편과 함께 새벽 기상, 독서, 운동하기를 첫 번째 목표로 세웠다. 운동 다음으로 식이요법이다. 채식 위주의 식사로 소식을 하기로 했다. 다음은 부자의 필수품인 파이프라인 만들기다. 월세 받기, 인세 받기, 콘텐츠 만들기, 연금 받기 등 다양한 노후 준비를 시작했다.

50대는 돈도 중요하지만 건강이 우선이다. 남편과 나는 서로에게 약속한 것이 있다. 자기 몸은 스스로 알아서 챙기자고 말이다. 《몸이 먼저다》에는 이런 말이 나온다.

"젊었을 적 내 몸은 나하고 가장 친하고 만만한 벗이더니 나이 들면서 차차 내 몸은 나에게 삐지기 시작했고, 늘그막의 내 몸은 내가 한평생 모시고 길들여 온, 나의 가장 무서운 상전이 되었다."

50대가 되어 보니 너무나 와닿는 말이다. 나의 습관은 고쳐야 할 게 많다. 먹는 속도가 빠르고 음식을 제대로 씹지 않는다, 밀가루나 빵을 좋아해 탄수화물 섭취량이 많다, 자주 누워 있다, 운동하지 않는다, 배고픔을 참지 못한다.

적어 보니 모두 버려야 할 습관이다. 집밥과 운동은 최고의 보약이다. 운동을 하면 자신감도 상승한다. 무릎을 아껴야 한다는 핑계로 늘 걷기만 하고 달리기는 피했었다. 막상 달리기를 시작하자 처음에는 500미터도 못 가 숨도 못 쉴 정도였는데 매일 달리다 보니 쉬지 않고 5킬로미터를 달릴 수 있었다.

잠깐의 패기보다
뭉근한 꾸준함이 중요한 때

한 번에 달리지 말고
중간 지점마다 자신에게 보상하라

나의 열정은 무엇이었을까? 무엇이 나를 이렇게까지 꾸준히 노력하도록 만들었을까? 부자가 되기로 시작하기 전, 나는 딸아이의 눈물을 보며 부자가 되기로 다짐하고 실행하면서 3년 후를 생각하며 매 순간을 버텼다. 우리 집이 가난하지 않다고 생각했었다. 노후도 불안하지는 않았다. 적어도 아이의 취업이 좌절되기 전까지는 말이다. 아이의 눈물이 가족의 삶을 바꿔 놓았다. 엄마인 나를 행동하게 했고, 현재를 중요시하는 남편을 절약하게 만들었다. 늦었다고 포기했다면 지금도 시작하지 못했을 것이다. 열정만으로는 힘든 시간도 있었고, 포기하고 싶은 순간도 있었다. 잘 버텨 낸 내가 참 기특하다. 다가올 멋진 순간을 꿈꾸고 있기에 오늘도 꾸준하게 묵묵히 실행해 나가고 있다.

열정보다 중요한 건 꾸준함이다. 《토끼와 거북이》의 거북이처럼 늦더라도 쉬지 않고 나아갈 수 있는 꾸준함을 갖고 있는 나는 강한 사람이 됐다. 새벽 4시 기상을 거의 빠지지 않고 흔들림 없이 하고 있다. 지금의 변화된 모습으로 내 인생을 바꾸는 중이다. 처음에는 5년 안에 부자가 되기로 다짐하며 시작했으나 지금의 꾸준함을 유지한다면 3년이면 되겠다는 생각이 들었다.

'내가 잘할 수 있을까'에 대해서 의심하지 않았다. 처음부터 '나는 할 수 있다'라고 자신 있게 외치고 시작했다. 적어도 나는 그랬다. 50이 넘은 나이에 할 수 있는 것과 하고 싶은 것이 다를 수 있다. 그러나 실패를 두려워하지 않고 도전했다. 열심히 했다면 그것으로 된 것이다. 50대라고 꿈이 없을까? 나에게도 도전하고 싶은 꿈이 있다. 내 이름 석 자가 쓰인 책을 출간하고 싶었고, 50~60대에게 희망을 주는 강의도 해 보고 싶었다. 코로나19도 발생한 지 어언 2년이 되어 간다. 《트렌드 코리아 2021》에서 "적응하거나 죽거나"라는 글귀가 인상 깊었다. 코로나19 이전의 삶으로 돌아갈 수 없다고 다들 말한다. 그렇다면 적응해야겠다. 우린 잠시 어두워진 것뿐이다. 내

일이면 또다시 밝은 날이 찾아올 거라 믿는다.

평생 내가 원하고 꿈꾸던 삶인 경제적 자유를 이뤄 내기 위해 또다시 나는 새벽에 일어날 것이다. 꾸준히 1년 반 동안 실행할 수 있었던 원동력은 목표 구간을 짧게 잡아 성공을 맛보는 것이었다. 달리기를 시작할 때 멀리 목표 지점을 보고 뛰면 지쳐서 못 뛴다. 한 구간씩 나누어서 뛰어간다고 생각하고 당장 한 구간까지만 보고 가야 한다. 그래서 나는 목적지에 도착했을 때 나에게 메달을 하나씩 주는 방법을 택했다. 즉 나에게 보상을 해 주는 것이다. 도착했을 때 성취감과 자신감이 생기고 보람을 얻는 방법이다. 칭찬 통장을 하나 개설해서 한 달마다 한 개의 구간을 정하고 한 구간에 도착할 때마다 5만 원씩 넣었다. 3년이란 기간이니 꽤 많이 모일 것이다. 나 자신을 믿었다. 나를 믿는 것부터가 시작이기 때문이다. 의심하지 않고 시작하는 것은 부자로 가는 여행길에 탑승하는 것이다. 자신에 대한 믿음이야말로 부자의 길로 가는 최고의 방법이다.

가족의 도움 없이 혼자 시작했다고 포기하지 말자. 묵묵히 하다 보면 가족이 스며든다. 한 발 한 발 걷다 보면 어느새 내가 원하는 길에 와 있다. 자기 계발 프로그램에서 '미친 100일 프로젝트'를 한 적이 있다. 말 그대로 100일 동안 한 가지를 정해 성공해 보는 것이다. 혼자가 아닌 많은 사람이 인증하며 함께하기에 성공하는 사람

50대에 도전해서 부자 되는 법

이 많다. 성공을 못 하는 이도 있다. 100일간 매일 꾸준히 따라가다 보면 힘이 들 때도 있다. 어떻게 이겨 내면 될까? 잠시 쉼이 필요하다. 하루 루틴을 접고 쉬는 하루를 만들면 된다. 하루나 며칠을 성공하지 못했다고 인생이 넘어지진 않는다. 내일 다시 시작하는 마음으로 도전하면 된다. 열정은 누구에게나 있다. 진짜 중요한 건 꾸준함이다.

지속하는
습관의 힘

여름과 겨울의 새벽 기상은 일어나는 것부터 다르다. 여름은 4시에 일어나고 조금 있으면 금방 환해지지만 겨울은 7시가 넘어야 서서히 환해진다. 한겨울 따뜻한 방바닥에서 일어나기란 마치 맛있는 음식을 그만 먹어야 하는 것처럼 괴로운 일이다. 개인적으로 겨울에는 침대보다 방바닥에서 자는 걸 선호한다. 찜질방 황토방처럼 등 뒤로 따스함이 느껴지며 가끔은 뜨끈하게 허리도 지질 수 있어서다. 그래서 여름엔 안방 침대에서, 겨울엔 작은방에서 이불을 넓게 깔고 잔다. 겨울의 새벽 기상 후에는 졸림 방지를 위해 환기 삼아 거실 창문을 10분 정도 열어 놓는다. 그러면 찬 기운이 훅 들어와 정신이 번쩍 든다.

가끔은 창밖을 보며 호사를 누릴 때도 있다. 밤새 눈이 내렸거나 눈이 오는 새벽에는 책 읽기를 멈추고 커피 한잔을 마시며 눈을 감고 음악에 빠져 본다. 나이를 먹는다는 것을 즐겨 듣는 노래 스타일에서도 느낄 수 있다. 좋아하지 않았던 트로트를 좋아하게 됐고, 힙합은 시끄러운 음악이 됐다. 마음만은 젊다고 외쳐 보지만, 행동이나 여기저기 고장 나기 시작하는 몸이 나이를 먹었음을 느낀다. 이내 음악을 멈추고 책을 펼쳐 본다. 이젠 돋보기가 없으면 글자가 보이지 않는 나이가 됐다. 새벽 시간은 정말 순식간에 지나간다. 책에 집중하다 보면 어느새 동이 튼다.

네 번째 전자책 쓰기 도전을 시작했다. 무언가 새로운 도전을 시작할 때는 설렘이 있다. 원래 도전과 새로움을 두려워하고, 익숙한 걸 좋아했던 내가 1년 반 만에 바뀌었다. 목표가 이루어지고 성취감을 맛보니 자꾸 도전장을 내밀게 된다. 인간은 도전할수록 강해진다. 2020년 11월에 첫 번째 전자책을 완성하고 두 번째 전자책은 2020년 12월에, 세 번째는 2021년 2월 말에 완성했다. 이제 쓰는 방법을 조금은 알 것 같다. 이번에는 요리가 아닌 다른 주제로 쓰고 싶어졌다. 1년을 넘게 해 온 새벽 4시 기상의 좋은 점을 알려 주고 싶었다. 하루에 4시를 두 번 맞이하는 나는 새로운 삶을 살고 있다. 새벽 시간엔 글쓰기의 힘이 있다. 최고로 집중이 잘되는 시간이기 때문이다.

또 한 번의 근사한 전자책을 완성해 보고 싶다. 한번은 남편이 나

50대에 도전해서 부자 되는 법

에게 그러다 지쳐서 못한다고 말했다. 그러더니 이번에는 손가락을 치켜들며 말한다. 대단한 서 여사라고. 남편이 나에게 가장 부러운 것이 있다면 삶의 열정과 꾸준함이라고 말한다. 그리고 본인의 이름으로 된 전자책이 있다는 것이라고 한다.

소망이 있다면 훗날 남편과 손주와 임장을 가 보는 것이다. 영어 공부를 열심히 하는 남편은 손주와 영어로 대화하는 것이 꿈이고 글쓰기를 매일 하는 나는 손주를 위해 그림 동화책을 만드는 것이 꿈이다.

꾸준함이란 참으로 어렵다. 혼자보다는 함께하는 힘이 크다는 건 누구나 다 안다. 그런데도 작심삼일로 무너진다. '내가 할 수 있을까' 하는 의심을 버려야 한다. 의심하고 싶은 나의 감정을 찾아야 한다. 잠재의식 속에 의심을 자꾸 집어넣으니 실패하는 것이다. 자신의 가능성을 믿어 보자. 새벽 기상도 실패하니 꾸준하게 지속하는 걸 어려워한다. 관점을 바꾸자. 오늘 못 일어났으면 내일 다시 시작하면 된다. 지속하는 힘은 평범한 사람을 비범한 사람으로 바꾸는 강력한 힘이 있다.

무언가를 지속한다는 건 절실함이 있기에 가능하다. 물론 나도 두려울 때가 있다. 두려움을 없앴을 수 있는 건 나에 대한 신뢰였다. 나도 용기가 없을 때도 많고 두려움으로 나서지 못할 때도 있다. 그럴 땐 내가 왜 부자가 돼야 하고 절약해야 하는가를 곱씹어 본다. 나는 안다. 남들보다 느리기에 거북이처럼 꾸준히 걸어가야 한다는 걸 말이다. 지금 내가 실행하고 있는 배움은 마라톤과 같다. 많은 선수가 출발선에서 다 같이 출발한다. 힘은 들지만, 반환점까지는 엎치락뒤치락 모두 열심히 달린다. 물론 초반부터 지쳐서 포기하는 선수도 있다. 반환점 이후부터가 진짜다. 숨이 턱턱 막혀도 땀으로 흠뻑 젖어도 끝까지 완주하는 선수가 내가 됐으면 한다. 남과 비교하지 않는다. 질투하지 않는다. 남과 비교하거나 질투하지 않기에 느리지만 행복하게 앞으로 나아가고 있다.

50대에 도전해서 부자 되는 법

50대에게
멘토가 필요한 이유

멘토가 나에게
안겨 준 꿈

멘토가 있다는 건 큰 축복이다. 우리가 살아가면서 멘토는 꼭 필요하다. 대부분 크게 성공한 사람들을 멘토로 생각하지만 그런 분들은 만날 수도, 가까이할 수 없기에 나는 그동안 배움으로 연결된 분들을 멘토로 삼고 꾸준히 연락을 드리고 있다. 나보다는 먼저 성공한 분들이기에 손편지도 보내고 카드도 보내고 한다. 나는 여러 명의 멘토가 있었기에 1년 반 만에 성장할 수 있었다.

나의 멘토들은 모두 나보다 젊다. 하나같이 배울 점이 많다. 멘토는 크게 성공한 사람을 찾는 게 아니다. 나보다 한 발짝 나은 삶을 먼저 시작한 사람이면 된다. 멘토 만들기는 꼭 추천한다. 내가 성장하고 변화할 수 있었던 원동력은 새벽 기상과 독서, 그리고 멘토들이라고 할 수 있다. 멘토란 무엇인가? 본인들의 지식과 경험을 다른 사람에게 알려 주고 조언해 주는 사람이다. 나 역시 다른 이들에게 나의 경험을 나누어 주려고 노력 중이다. 내 경험이 누구에게라도 도움이 된다면 그것으로 충분하다. 그래서 블로그에 적은 식비로 요리 할 수 있는 방법을 알려 드리고 있다. 한번은 블로그로 만난 인연인 식비 모임 1기였던 두 분을 서울에서 만나기도 했다. 처음 봤는데도 식비 방에서의 소통 때문인지 오래전부터 아는 사이인 것처럼 편안하게 대화하고 헤어졌다. 내 콘텐츠에서의 인연을 직접 만나니 반갑고도 신기했다. 이분들을 뵙고 나니 도움을 줄 수 있는 멘토가 되고 싶다는 생각이 간절해졌다.

식비 절약 모임에 참여하지 않는 사람들도 모두가 볼 수 있도록 초보 주부들이 쉽게 요리하는 방법도 블로그에 알리고 있다. 많은 분이 블로그를 보고 활용할 수 있도록 말이다. 이것 또한 멘토들에게 배웠다. 그들이 끼치는 선한 영향력으로 다른 이들이 변해 가는 모습을 보며 내가 다른 이들에게 도움을 줄 수 있는 건 어떤 것이 있는지 생각하게 됐다. 성공한 분들의 습관이나 행동은 모방해도 좋다고 한다. 그래야 나의 습관에도 물들기 때문이다.

지금 글을 쓰고 있는 이 시간도 새벽 4시다. 누군가에겐 푹 자고 있는 시간에 나는 하루를 시작한다. 하지만 새벽 시간에 한 번도 졸린 적이 없다고 말하면 거짓말이지만, 고요한 이 시간에 최고의 집중력이 발휘된다. 새벽 기상의 장점은 정말 많다. 미라클 모닝이 안 맞는 사람도 있다. 오히려 저녁 시간이 집중이 잘되는 사람도 있다. 하지만 새벽 시간에 집중이 잘된다는 분을 훨씬 많이 봤다. 나 역시 새벽 시간에 집중이 잘 된다.

나는 부자가 되는 것
그 이상을 꿈꾸게 됐다

오늘도 새벽 알람이 울린다. 습관적으로 눈이 떠지는 바람에 일어나게 된다. 대부분 커피 한 잔을 마시며 시작하는데 가끔은 배꼽시계가 울리기도 한다. 이럴 땐 커피 한 잔에 잼을 바른 토스트 식빵이 딱 좋다. 주방으로 나가 냉장고를 뒤져 보니 먹다 남은 식빵이 있다. 커피를 내리며 토스트를 굽고 있는 시간은 새벽 4시 15분이었다. 토스트를 굽고 있는 짧은 시간에 많은 생각이 오갔다.

'내가 이 시간에 뭘 하고 있는 거지?'

'나는 왜 부자가 되고 싶은 거야?'

'맞벌이하면 더 많은 돈을 모을 수 있지 않을까?'

그러나 다시 매점 이모로 돌아가지 않기 위해 '한번 해 볼까?'가 아닌 '해야만 한다'라는 생각으로 지금껏 굳게 다짐하고 실천했다. 50대에 부자가 돼 보겠다고 인터넷에 처음 검색할 당시 막연했던 '부자'라는 단어가 점점 내 품으로 들어오고 있다. 큰 부자는 아니지만, 이룬 것이 많다. 오롯이 새벽 시간에 이루어진 일이고 4시에 기상을 안 했다면 상상도 못 할 일이다. 새벽 기상과 독서 그리고 글쓰기로 인풋을 하고, 아웃풋 즉 생산자의 삶으로 살고 있다. 인풋, 아웃풋이란 단어도 생소했다. 모르면 무조건 인터넷에 검색을 한다. 검색하면 인풋은 다른 이들이 구축해 놓은 지식과 시스템을 배우고 흡수하며 공부하는 것이고, 아웃풋은 배우고 흡수한 걸 토대로 나만의 새로운 콘텐츠를 찾아 다른 이들에게 전달하는 것이다.

생산자의 삶이란 타인이 주인공이 아닌 내가 주인공이 되어 살아가는 것이다. 소비자가 아닌 생산자로 사는 지금 일주일 7만 원 살기 뚝딱 절약 식비방을 운영하면서 느낀 점은 식비 절약이 어려운 분에게 개인적으로 식비 컨설팅을 해 주는 절약 연구소를 운영해 보면 어떨까 하는 것이다. 집으로 찾아가 집 안을 정리해 주는 〈신박한 정리〉라는 프로그램을 본 적이 있을 것이다. 이 프로를 보면서 나에게 적용하면 좋겠다는 생각이 들었다. 식비를 아끼는 방법과 식재료 냉동법, 장보기 비법과 일주일 식단표를 짜서 7만 원으로 건강한 집밥을 완성하는 방법 등을 알려 주면 어떨까? 하고 집밥이 어려운 3040 주부들에게 도움 주는 경영자가 돼 보자고 생각했다. 명

함부터 만들었다. 마치 내가 뚝딱식비 절약연구소의 소장이 된 것처럼 말이다. 확언의 힘을 아는 나는 확언하고 실행한다.

무엇부터 시작해야 할까? 우선 식단 관리에 관한 책을 읽기 시작했다. 우리 식비 절약방은 이제 7만 원 살기가 자리 잡혔다. 2인 가족, 4인, 5인 가족도 7만 원으로 일주일을 살아간다. 이 중 가장 많이 하는 질문은 과일을 많이 먹어서 예전에 과일 값으로만 일주일에 7만 원이 나갔다며 과일값은 어떻게 해결하느냐는 것이다. 내 경우는 과일을 안 먹고 살 수 없기에 밤 9시쯤 마트에 가서 타임 세일을 노리거나 제철 과일을 일주일에 두 번 정도 사다 먹는다. 식비방 멤버 중 어떤 분은 일주일에 과일 값 5만 원을 책정해 놓고 사용한다. 다른 지출 비용을 아껴 과일 지출에 쓴다니 현명한 주부다. 비록 7만 원 살기에 실패하더라도 지난달보다 줄어든 식비 잔액을 보면 흐뭇해진다고 한다.

식비 모임은 생산자의 삶을 위해 시작한 일이다. 내가 먼저 실천해 보니 지출 통제가 되기에 다른 이들과 나누고 싶었고 분명 내가 필요한 사람이 있겠구나 싶었다. 내 콘텐츠를 갖고 블로그에 회원을 모집하다 보면 빠르게 마감된다. 비용도 적게 내면서 식비도 아낄 수 있는 것이 큰 매력으로 느껴지는 것 같다. 30, 40대 분들이 많이 신청할 거라고 예상했지만, 50대 분도 여럿 있다. 무조건 안 먹고 안 쓰며 절약하는 시대는 지났다. 현명한 소비와 지출이 필요한 시대에 방법을 모르겠다며 나를 찾아 주신다. 내가 하는 역할은 가성비 좋은 집밥으로 가족의 건강을 지키고 지출 통제로 가정경제를 바로 세워서 삶이 윤택해지도록 나의 경험과 노하우를 나누고 선한 영향을 주는 것이다. 내 콘텐츠를 이용하는 분들의 실제적인 변화를 느낀다. 온라인의 명함은 블로그라고 말할 수 있다. 블로그로 고객과 진한 소통을 하고 찐팬이 생기며 고객과 내가 함께 성장하고 있다. 뚝딱 식비 절약 연구소라는 1인 지식 기업을 만들어 더 많은 이에게 나의 경험을 나누어 주는 게 꿈이다. 꿈꾸는 서 여사는 나만의 존재 가치를 세우며 세 가지 키워드 열정, 성실, 약속을 원칙으로 뚝딱 식비 절약 연구소장이 되는 꿈을 꾼다.

6개월마다 목표를 공표하면
달라지는 것들

과거형으로 말하면
성공 확률이 올라간다

6개월에 한 번씩 블로그나 가입해 있는 카페에 매번 목표를 써서 공표한다. 그래야만 꿈을 이루려고 나 자신이 노력한다. 모든 게 서툴고 어렵지만 하나하나 이루어지는 걸 보니 50대도 가능하다는 것을 몸소 느끼고 있다. 많은 분이 자신의 목표를 공개하길 꺼린다. 왜일까? 지키지 못할 것 같다는 의심부터 하기 때문이다. 처음부터 허황된 목표는 실패 확률이 높다. 작은 목표를 하나씩 세워 종이에 크게 써 놓고 공표해 보자. 목표를 공개 선언하면 어떤 효과가 있을까? 다른 사람들이 자신을 지켜보고 있다는 생각에 더 적극적으로 행동하게 된다. 생각만 하는 목표보다는 종이에 써 놓은 목표가 이루기 쉽고, 만인에게 공표한 목표가 열정을 가져다준다.

목표(자기 확언)를 쓸 때는 '한다'가 아니 '했다'로 마치 이룬 것처럼 써 놓으면 실제로 이루어지는 마법이 생긴다. 목표를 공표하니 이루기 위해 행동하는 내가 됐다. 일단 써 놓고 나는 무조건 실천한다. 《일본전산 이야기》에 "즉시 한다! 반드시 한다! 될 때까지 한다!"라는 글귀가 있다. 될 때까지 하는 나는 안되는 것이 없다. 윌리엄 제임스는 "무언가를 원한다면 이미 그것을 갖고 있는 것처럼 행동하라"라고 했다. 전자책을 출간했고, 절약 식비 콘텐츠인 일주일 7만 원 살기 운영자로 활동하고 있다. 유튜브도 개설했고, 녹화본을 올리고 있다. 목표를 써 놓고 실행하고 실천해 보니 효과도 크다. 이런 나로 인해 남편은 나에게 물들어 가며 자기만의 목표를 세웠다. 남편은 독서를 좋아하기에 '매년 책 100권 읽기'가 목표다. 영어 공부도 매일 1시간씩 하고 있다. 남편의 영어 공부 목적은 해외여행도 아니고 외국인과의 대화도 아니다. 훗날 손주들과 영어로 대화하는 멋진 할아버지가 되는 게 꿈이다.

1년 6개월간 자기 계발로 미친 듯이 살아오면서 경제적 자유를 이루는 목표 날짜를 앞당겼다. 더 열심히 살아왔다. 3년 뒤 나의 모습을 상상하면서 하루하루에 최선을 다했다. 21년에도 6개의 목표를 세웠다. 파이프라인이 좀 더 나올 수 있도록 계획을 짰다. 만인에게 공표하고 실행하는 방법은 자신을 믿고 의심을 버리고 즉시 시작하면 된다. 말은 쉽지만, 행동은 어렵다. 나에게 동기 부여가 되는 걸 찾아야 한다. 내 삶의 힘이 되는 충분한 이유를 찾아야 한다. 나의 경우는 딸아이였다. 대부분이 가족이 아닐까 생각한다. 그리고 두 가지만 지키면 된다.

'배운 건 무조건 실천하자. 의심하지 말고 시작하자.'

나의 2021년 목표는 6가지였고 이 목표를 모두 이루었다.

1) 내 이름 석 자가 새겨진 책을 출간했다.

2) 가족과 함께 마라톤 참가 및 보디 프로필을 찍었다.

3) 월세 100만 원을 받을 수 있도록 부동산 세팅했다.

4) 뚝딱 절약 식비 브랜드로 1인 기업가가 됐다.

5) 7만 원 식비 레시피로 유튜브를 시작했다.

6) 시작을 두려워하는 50~60대에게 동기 부여를 주는 강사가 되었다.

2022년 목표를 공개해 본다.

1) 요리 레시피가 있는 절약 가계부를 출간했다.

2) 경매로 상가를 낙찰받았다.

3) 네 번째 전자책을 출간했다.

4) 동기 부여를 하는 강사가 됐다.

5) 식비 절약 방법과 레시피 정보를 올리는 유튜브의 구독자 수가 2,000명이다.

6) 매일 블로그 2개의 포스팅을 했다.

내가 세운 목표를 잘 보이는 곳에 써 놓았다. 그리고 이를 이루기 위해서 오늘도 묵묵히 실행한다. 무엇부터 해야 할까? 노트북을 켜고 글쓰기를 시작으로 오늘의 루틴을 하면 된다. 목표를 정한 후 가족에게라도 공개 선언을 해 보자. 가족 모두 목표를 적어 두고 6개월이나 1년 후 꺼내 얼마만큼 이뤘나 확인해 보는 타임캡슐도 효과가 있다.

한번 해 볼까 생각 말고
반드시 도전하라

1년 후의 내 모습을
그려 보라

새해 첫날이 되면 누구나 계획을 세우지만, 작심삼일로 이어지는 경우가 많다. 생각에만 그치기 때문이다. 계획을 구체적으로 세워보자. 그럼 반은 시작한 거다. 변화된 나의 1년 후를 생각하며 '한번 해 볼까가 아닌 꼭 해야만 하는 해'로 살아 보면 어떨까? 부자가 되기 위해서는 습관이 필요하다. 단시간에 부자가 될 수는 없다. 시간이 필요하거늘 누구나 빠르게 가고 싶어 한다.

모든 사람이 새벽 기상을 꼭 4시에 할 필요는 없다. 5시도 새벽이고 6시도 새벽이다. 8시까지 자던 사람이 갑자기 4시나 5시에 일어나면 몸에 무리가 온다. 50대는 몸이 고장 나는 시기라 무리했다가는 큰코다친다. 새벽 기상 시간을 정했으면 독서도 하루 10쪽이라도 읽어 보자. 많이 읽는다고 좋은 건 아니다. 책을 읽고 나의 맘에 와닿는 문장이 있다면 성공이다. 새벽 시간에 하기 좋은 운동은 명상이다. 10분 만이라도 눈을 감고 마음을 다스려 보자. 연구 결과 명상은 스트레스와 고통을 감소시키고 심장병 예방에 도움이 된다고 한다. 생각을 섞지 않고 조용한 명상 음악을 들으며 시작한다면 하루가 개운하지 않을까?

글쓰기가 돈이 될까? 앞에 블로그 이야기에 썼지만, 블로그를 처음 할 때만 해도 글을 쓰는 게 부담스러웠다. 쓰다 보니 네이버 애드포스트가 있다는 걸 알았고, 전자책으로 수익을 낼 수 있다는 걸 알았다. 체험단으로 맛집도 갈 수 있고 글 쓰는 게 재미있어졌다. 요즘은 50~60대도 책을 쓰거나 글을 쓰는 사람도 많아졌다. 지금은 100세 시대다. 이제 인생의 반인 허리 부분인데 무엇이 두려운가? 디지털 도구가 무서웠던 나도 돈 벌며 글 쓰고 있다. 블로그에 글을 올리면 네이버에서 광고를 달아 준다. 누군가 광고를 클릭하면 나에게 돈이 들어오는 구조다. 블로그에 글을 쓸 때 대놓고 광고용으로 쓰거나 나의 일기 형식으로 쓰면 사람들은 읽지 않는다. 사람들은 정보가 들어 있는 글을 원한다. 계속 쓰다 보면 노하우가 생기니 미리 걱정하지 말고 꾸준히 쓰면 된다. 내 경우 콘텐츠를 만들어 돈도 벌고 있으니 블로그를 통해 나의 인생도 바뀌게 됐다.

부자가 되기 위해 수익을 주는 파이프라인을 찾아보자. 내가 실천하는 방법이다.

1) 미국 배당주 투자하기(1년의 네 번 배당 수익을 받는다)

2) 생산자로 자기만의 콘텐츠 만들기(뚝딱 절약 식비방 운영)

3) 전자책 꾸준히 쓰기(수익률이 높다)

4) 블로그 꾸준히 쓰기(네이버 애드포스트, 체험단, 인플루언서, 서평단 등 부수입이 생긴다)

5) 앱테크 하기(설문 조사, 퀴즈 풀기, 출석 체크, 포인트 모으기 등)

6) 월세 만들기(사는 집을 이용하기)

식비 절약 방 운영비와 하루 특강 강의료를 제외한 부수입은 한 달에 20만 원에서 30만 원 정도가 생긴다. 즉 공돈이 생기는 것이다. 어떠한가? 해 볼 만하지 않은가? 공돈 통장에 차곡차곡 쌓이는 기쁨이 있다. 젊은 분들은 정보도 빠르고 열심히 하지만 50대는 이런 부수입이 있다는 걸 몰라서 못 한다. 모르면 배워서라도 하면 된다. 왕초보인 내가 부자가 되기로 마음먹고 이 모든 것을 시작하게 된 건 독서 덕분이었다. 독서의 힘은 컸다. 1년 반 전에 누구보다 절실했다. 부자가 되고 싶다는 꿈을 꾸었다. 드라마 〈김과장〉의 OST

중 서영은의 〈꿈을 꾼다〉는 노래 가사는 나에게 큰 힘이 됐다.

꿈을 꾼다
잠시 힘겨운 날도 있겠지만
한 걸음 한 걸음
내일을 향해 나는 꿈을 꾼다
혹시 너무 힘이 들면
잠시 쉬어 가도 괜찮아

나의 닉네임은 '꿈꾸는 서 여사'다. 막연하게 부자를 꿈꿨고 나를 부자로 만들어 줄 책과 멘토를 찾아 쉼 없이 달려왔다. 그리고 꿈을 이룬 서 여사로 오늘도 달리는 중이다. 목표가 있기에 가능하다. 부자가 되고 싶다면 이제 책을 덮고 내 안의 용기를 꺼내 시작해 보자. 용기도 자존감에서 나온다. 자존감이 낮으면 용기조차 낼 수 없으니 나와 함께 부자가 되고 싶은 분들은 용기를 내면 좋겠다.

50대에 도전해서 부자 되는 법

내 노력의 결과가
누군가에게 용기를 주길 바라며

가계부를 쓰고 식비 절약을 하고 배움의 길로 들어선 이유는 부모의 무능함에 아이의 눈물을 보았고 노후가 불안했기 때문이었다. 미친 듯이 책을 읽으며 안된다는 생각을 섞지 않고 부자가 되기 위해 앞만 보고 달려왔다. 내가 꿈꾸고 변화하니 꿈적도 하지 않던 남편이 새벽 5시 기상을 시작으로 스트레칭, 독서, 영어 공부의 루틴으로 출근 전 시간을 보내고 있다. 29년 동안 협조하지 않았던 남편과 가족이 나의 행동에 조금씩 스며들기 시작했다. 꿈이 생겼고, 함께 같은 꿈을 꾸고 있다. 직장을 잃게 한 코로나 위기는 기회가 됐다. 위기와 기회는 늘 함께 온다. 만약 직장을 잃지 않았다면 과거의 매점 이모로 계속 살았을 것이다.

창업 멘토링 수업에서는 금기어가 있었다.
'그렇게까지는 하고 싶지 않다.'
나는 나의 한계가 어디까지인지 시험하며 몰입했고, 극한의 한 달을 정해 살아보았다. 지금도 내 인생의 VIP는 나 자신이라고 생각하며 삶을 주도하며 살아가고 있다. 작심삼일이라는 말이 있다. 절실함으로 시작했지만, 3일 후 또다시 작심한다. 연이어 작심하다 보니 1년 6개월이란 시간이 흘렀다. 어딜 가나 내 나이가 가장 많았다. 30대 후반이 평균나이였다. 그러나 나는 열정을 잃지 않고 꾸준히 했다. 50대 중반이 돼 보니 남의 인생을 부러워하며 살기에는 시간이 없었다. 새벽 기상으로 하루 4시를 두 번 맞이하는 나는 높은 목표보다는 당장 할 수 있는 목표를 정해 부자 여행을 시작했다. 나 자신을 믿었다. 할 수 있을까? 의심하지 않았고, 목적지에 도착할 때까지 책을 읽고 절약하고 돈 공부를 했다.

나만의 연료통은 무엇이었을까? 긍정적인 생각으로 반드시 된다는 의지와 나는 할 수 있다는 자신감을 끄집어내는 것이었다. 태도는 자신에게 달려 있다. 우리는 하지 않을 뿐 못 할 것은 없다. 시작하기가 두렵거나 무엇을 시작해야 하는지 모르겠다면 지금 당장 책을 펴길 바란다. 목표에 마감 기한을 정해 보자. 3년이면 충분하다.

50대에 도전해서 부자 되는 법

시간의 힘을 믿어 보자. 30대 젊은 분들이라면 시간이 단축될 것이다. 40대도 충분하고, 50대라고 늦었을까? 실행하고 실천해 보니 절대 늦지 않았다. 이렇게 50대 중반에 시작했고, 그리고 발사했다.

　살면서 꿈이 있다는 건 행복한 일이다. 인생의 멘토가 있는 것은 나를 지탱해 주는 힘이 됐다. 멘토는 크게 성공한 사람을 찾는 것이 아니다. 나보다 한두 발짝 앞서 나간 존경할 수 있는 사람을 멘토로 삼으면 된다. 나는 우리 가족에게 멘토가 됐다. 엄마의 변화를 누구보다 잘 아는 사람은 가족이었다. 설득하지 않아도 가족이 스며들었다. 가족의 대화 주제가 부동산 공부와 투자로 바뀌었다. 서로의 꿈에 관해 들어 주고 이야기한다. 나이가 많아서, 돈이 없어서는 핑계일 뿐이다. 나 역시 나이가 많았고 돈이 없었다. 이런 나도 시작했으니 이 책을 읽는 당신도 50대에 얼마든지 인생을 바꿀 수 있다. 늦은 나이란 없다!

부록

서 여사의 꿈이 이뤄지는 확언

서 여사의 새벽 독서 목록

서 여사의 식비 절약 가계부

서 여사의
꿈이 이뤄지는 확언

- 나는 2023년에 경제적으로 자유롭다.
- 나는 새벽 4시 기상과 식비 절약이 브랜딩이 됐다.
- 나는 수도권의 상가 주택을 낙찰받았다.
- 나는 부수입 통장에 매달 200만 원씩 들어오고 있다.
- 나의 통장 잔고는 1억 원이다.
- 나는 베스트셀러 작가가 됐다.
- 나는 부동산을 5채를 갖고 있다.
- 나는 식비 절약을 도와주는 전문가다.
- 나는 뚝딱 절약 가계부를 1년 치 만들어 판매했다.
- 나는 오션 뷰 아파트에 살고 있다.
- 나의 블로그 이웃 수는 1만 명이다.
- 나는 제주도 1년 살기를 하고 있다.
- 나는 스마트 스토어에서 매달 100만 원의 수입이 들어온다.
- 나는 가족과 2022년 9월에 마라톤 5킬로미터를 완주했다.
- 나는 1년에 책 100권을 읽었다.
- 나는 50~60대에게 동기 부여 하며 월 500만 원씩 버는 강사가 됐다.
- 나는 한 달에 두 번 가족과 임장을 다니고 있다.
- 나는 남편에게는 최고의 아내, 아이들에게는 최고의 엄마다.
- 나는 매일 건강하다.

50대에 도전해서 부자 되는 법

서 여사의
새벽 독서 목록

공부하며 도움이 된 50권
(경제경영)

- 《10년 동안 적금밖에 모르던 39세 김과장은 어떻게 1년만에 부동산 천재가 됐을까?》, 김재수(램군), 비즈니스북스
- 《90일 완성 돈 버는 평생 습관》, 요코야마 미쓰아키, 걷는나무
- 《엑시트》, 송희창, 지혜로
- 《게으르지만 콘텐츠로 돈은 잘 법니다》, 신태순, 나비의활주로
- 《부동산 슈퍼리치만 아는 투자 비밀》, 홍성준, 매일경제신문사
- 《경제 읽어주는 남자》, 김광석, 더퀘스트
- 《끝없는 도전과 용기》, 잭 웰치, 청림출판
- 《나는 마트 대신 부동산을 간다》, 김유라, 한국경제신문사
- 《나는 오늘도 경제적 자유를 꿈꾼다》, 청울림(유대열), 알에이치코리아(RHK)
- 《내 안의 부자를 깨워라》, 브라운스톤(우석), 오픈마인드
- 《노후를 위해 집을 이용해라》, 백원기, 알키
- 《당신이 속고 있는 28가지 재테크의 비밀》, 박창모, 알키
- 《대한민국 부동산 40년》, 국정브리핑 특별기획팀, 한스미디어
- 《돈, 뜨겁게 사랑하고 차갑게 다루어라》, 앙드레 코스톨라니, 미래의창
- 《돈의 속성》, 김승호, 스노우폭스북스

- 《50대 사건으로 보는 돈의 역사》, 홍춘욱, 로크미디어

- 《마흔의 돈 공부》, 단희쌤(이의상), 다산북스

- 《매달, 무조건 돈이 남는 예산의 기술》, 제시 메캄, 청림출판

- 《바빌론 부자들의 돈 버는 지혜》, 조지 S. 클래이슨, 국일미디어

- 《박곰희 투자법》, 박곰희, 인플루엔셜

- 《백만장자 시크릿》, 하브 에커, 알에이치코리아(RHK)

- 《송사무장의 부동산 경매의 기술》, 송희창, 지혜로

- 《부동산 투자 이렇게 쉬웠어?》, 신현강(부룡), 지혜로

- 《부동산 투자로 진짜 인생이 시작됐다》, 앨리스허, 알에이치코리아(RHK)

- 《부동산 투자의 정석》, 김원철, 알키

- 《부의 인문학》, 브라운스톤(우석), 오픈마인드

- 《부의 추월차선》, 엠제이 드마코, 토트출판사

- 《부자 아빠 가난한 아빠》, 로버트 기요사키, 믿음인

- 《부자 아빠는 아내가 만든다》, 김은정, 삼각형비즈

- 《부자언니 부자특강》, 유수진, 세종서적

- 《심리계좌》, 이지영, 살림Biz

- 《싱글맘 부동산 경매로 홀로서기》, 이선미, 지혜로

- 《아기곰의 재테크 불변의 법칙》, 아기곰, 아라크네

- 《엄마의 돈 공부》, 이지영, 다산북스

- 《왜 일하는가》, 이나모리 가즈오, 다산북스

- 《위드 코로나 2022년 경제전망》, 김광석, 지식노마드

- 《육일약국 갑시다》, 김성오, 21세기북스

- 《이웃집 백만장자》, 토마스 J• 스탠리 • 윌리엄D. 댄코, 리드리드출판

50대에 도전해서 부자 되는 법

- 《자본주의》, 정지은 · 고희정, 가나출판사
- 《잠든 사이 월급 버는 미국 배당주 투자》, 소수몽키(홍승초) · 베가스풍류객(임성준), 베가북스
- 《장사의 신》, 우노 다카시, 쌤앤파커스
- 《절박할 때 시작하는 돈관리 비법》, 데이브 램지, 물병자리
- 《존리의 부자되기 습관》, 존리, 지식노마드
- 《지금당장 경제학》, 최진기, 스마트북스
- 《지금 바로 돈 버는 기술》, 김정환, 유노북스
- 《킵고잉》, 주언규(신사임당), 21세기북스
- 《투자는 심리게임이다》, 앙드레 코스톨라니, 미래의창
- 《트랜드 코리아 2022》, 김난도 외 9명, 미래의창
- 《핑크펭귄》, 빌 비숍, 스노우폭스북스
- 《한국의 부자들》, 한상복, 위즈덤하우스

새벽 기상하며 마인드에 도움이 된 50권
(자기계발, 에세이, 인문)

- 《그릿》, 앤절라 더크워스, 비즈니스북스
- 《가슴 뛰는 삶》, 강헌구, 쌤앤파커스
- 《굿바이, 게으름》, 문요한, 더난출판사
- 《그대 스스로를 고용하라》, 구본형, 김영사

- 《깊은 인생》, 구본형, 휴머니스트
- 《나는 한번 읽은 책은 절대 잊어버리지 않는다》, 가바사와 시온, 나라원
- 《내 상처의 크기가 내 사명의 크기다》, 송수용, 스타리치북스
- 《내 인생 나를 위해서만》, 라인하르트K. 슈프랭어, 위즈덤하우스
- 《내 인생의 최고의 직업은?》, 송숙희, 창해
- 《놓치고 싶지 않은 나의 꿈 나의 인생1》, 나폴레온 힐, 국일미디어
- 《달리기를 말할 때 내가 하고 싶은 이야기》, 무라카미 하루키, 문학사상
- 《더 해빙》, 이서윤·홍주연, 수오서재
- 《독서 천재가 된 홍 팀장》, 강규형, 다산라이프
- 《돈》, 보도 섀퍼, 에포케
- 《돈을 부르는 말버릇》, 미야모토 마유미, 비즈니스북스
- 《드림 리스트》, 짐 론, 프롬북스
- 《라틴어 수업》, 한동일, 흐름출판
- 《리부트》, 김미경, 웅진지식하우스
- 《린치핀》, 세스 고딘, 라이스메이커
- 《매일 아침 써 봤니?》, 김민식, 위즈덤하우스
- 《메모 습관의 힘》, 신정철, 토네이도
- 《메신저가 온다》, 박현근, 바이북스
- 《몸이 먼저다》, 한근태, 미래의창
- 《미라클 모닝》, 할 엘로드, 한빛비즈
- 《배움을 돈으로 바꾸는 기술》, 이노우에 히로유키, 예문
- 《백만장자 메신저》, 브랜든 버처드, 리더스북
- 《변화의 시작 5AM 클럽》, 로빈 샤르마, 한국경제신문사

- 《사람은 무엇으로 성장하는가》, 존 맥스웰, 비즈니스북스
- 《성공하는 사람들의 7가지 습관》, 스티븐 코비, 김영사
- 《신화가 된 여자》, 오프라 윈프리, 청년정신
- 《실행이 답이다》, 이민규, 더난출판사
- 《심플하게 산다》, 도미니크 로로, 바다출판사
- 《아들 셋 엄마의 돈 되는 독서》, 김유라, 차이정원
- 《아웃풋 트레이닝》, 가바사와 시온, 토마토출판사
- 《아주 작은 습관의 힘》, 제임스 클리어, 비즈니스북스
- 《에너지 버스 1, 2》, 존 고든, 쌤앤파커스
- 《에이트》, 이지성, 차이정원
- 《여덟 단어》, 박웅현, 북하우스
- 《왓칭 1, 2》, 김상운, 정신세계사
- 《원씽》, 게리 켈러 · 제이 파파산, 비즈니스북스
- 《유대인 1퍼센트 부의 지름길》, 김정한, 레몬북스
- 《인생에, 지지 않을 용기》, 알프레드 아들러, 와이즈베리
- 《잠들어 있는 성공 시스템을 깨워라》, 브라이언 트레이시, 황금부엉이
- 《절제의 성공학》, 미즈노 남보쿠, 바람
- 《지중해 부자》, 박종기, 알에이치코리아(RHK)
- 《책쓰기》, 이은대, 바이북스
- 《데일 카네기 인간관계론》, 데일 카네기, 더클래식
- 《타이탄의 도구들》, 팀 페리스, 토네이도
- 《한번 해보는 거지 뭐!》, 원효정, 창작시대
- 《회복 탄력성》, 김주환, 위즈덤하우스

서여사의
식비 절약 가계부

장보기 및 오늘의 식단				
	▓▓▓ 월요일	▓▓▓ 화요일	▓▓▓ 수요일	▓▓▓ 목요일
변동 지출				
고정 지출				
식비	₩	₩	₩	₩
그 외	₩	₩	₩	₩
잔액	₩	₩	₩	₩
오늘 한 줄				

장보기 및 오늘의 식단				칭찬
				반성
	▓▓▓ 금요일	▓▓▓ 토요일	▓▓▓ 일요일	주간 결산
변동 지출				
고정 지출				
식비	₩	₩	₩	₩
그 외	₩	₩	₩	₩
잔액	₩	₩	₩	₩
오늘 한 줄				

급여 및 부수입		지출 금액	
	합계		합계

<table>
<tr><td colspan="4" align="center">7만 원 살기 성공했나요?</td></tr>
</table>

	내역	한 달 예산	한 달 결산
저축 및 투자			
대출 및 원금 상환			
식비 35만 원 외식비 5만 원			
변동 지출			

50대에 도전해서 부자 되는 법

	내역	한 달 예산	한 달 결산
고정 지출			
카드 사용 내역			

한 달 결산 피드백(다음 달에도 성공해요!)	
칭찬	반성

돈 버는 습관, 수입 창출, 노후 준비까지
50대에 도전해서 부자 되는 법

ⓒ 서미숙 2022

1판 1쇄 2022년 2월 3일
1판 7쇄 2023년 1월 2일

지은이 서미숙
펴낸이 유경민 노종한
책임편집 이현정
기획편집 유노북스 이현정 함초원 조혜진 **유노라이프** 박지혜 구혜진 **유노책주** 김세민 이지윤
기획마케팅 1팀 우현권 이상운 **2팀** 정세림 유현재 정혜윤 김승혜
디자인 남다희 홍진기
기획관리 차은영
펴낸곳 유노콘텐츠그룹 주식회사
법인등록번호 110111-8138128
주소 서울시 마포구 월드컵로20길 5, 4층
전화 02-323-7763 **팩스** 02-323-7764 **이메일** info@uknowbooks.com

ISBN 979-11-90826-99-0 (03320)